D1848777

Das Offizielle Endgültige Handbuch für Reiter

© Tomus Verlag GmbH, München 1990
Alle Rechte der Verbreitung, auch durch Fernsehen, Funk, Film
fotomechanische Wiedergabe, Bild- und Tonträger jeder Art, sowie
auszugsweiser Nachdruck vorbehalten.
Satz: Buchdruckerei Loibl
Druck und Bindearbeiten: Ebner Ulm
Auflage 2 3 4 5 6 – 93 92 91 Jahr
(Jeweils erste und letzte Zahl maßgeblich)
ISBN: 3-8231-0808-5

Das Offizielle Endgültige
Handbuch
für

Reiter

Von Gerrit Wöckener
Illustriert
von Laurie Sartin

TOMUS

Aus Liebe zur Kreatur

Es gibt Leute, die glauben, das Pferd sei ein wildes Tier und trachte dem Menschen nach dem Leben — andere wiederum verwechseln die großen edlen Vierbeiner mit Schoßhündchen und verhätscheln sie entsprechend. Wenn das so weit geht, daß sie die Rösser mit ins Bett nehmen, wird es tatsächlich lebensgefährlich für den Menschen. Irgendwo zwischen diesen beiden Extremen ist eine besondere Spezies Mensch angesiedelt: die Reiterin/der Reiter.

Von ihnen und ihren vierbeinigen Sportkameraden handelt dieses Buch. Was qualifiziert nun den Autor zum Autor eben dieses Werkes? Nun, er hat schon viele Hoch- und Tiefleistungspferde gesehen, die wiederum von den unterschiedlichsten Hoch- und Tiefleistungsreiterinnen und -reitern besessen wurden. Außerdem hat er selbst schon sehr sporadisch auf dem einen oder anderen der edlen Vierbeiner Platz nehmen dürfen, was ihn zu der selbstkritischen Erkenntnis trieb, daß er allenfalls einen Tiefstleistungsreiter abgibt. Hinzu kam nach einer unerquicklichen Auseinandersetzung mit einem — nach Zeugenaussagen — lammfrommen Pferdchen eine blitzartige und keinesfalls fromme Trennung von demselben, die den Kopf des Autors in Mitleidenschaft zog und ihn dadurch überhaupt erst befähigte, den Reitsport in allen seinen Ausformungen nicht nur zu begreifen, sondern auch zu erfühlen.
Im übrigen betätigte er sich jahrelang als Fachjournalist

auf dem Gebiet des Reitsports und der Pferdezucht und kann deshalb als der Feder nicht ganz unkundig gelten.
Zu all diesen eher sachlichen Voraussetzungen kam aber natürlich noch die Liebe zur Kreatur (das oben genannte lammfromme Pferdchen ein bißchen ausgenommen — ich werde ihm nicht auch noch, wie die Bibel vorschlägt, die andere Backe hinhalten).

Wenn die Pferde heutzutage nicht regelmäßig und mit Freuden besessen würden, könnten wir sie allenfalls noch im Zoo bewundern. Denn ihre eigentlichen Aufgabenbereiche wurden durch die Abschaffung der Kavallerie und die Erfindung maschinengetriebener Fahrzeuge wegrationalisiert. Solange allerdings der Mensch noch mit Beinen geboren wird, dürfte sich das Pferd eine recht krisensichere Marktnische eingerichtet haben, denn wer mag schon auf einem Computer durch die Felder und die Auen…?

Aus dem Inhalt

14

Herrenreiter

Ist eine Spezies Mensch, die von sich behauptet, daß es sie in der heutigen Zeit nicht mehr gebe. Diese Annahme beruht wohl darauf, daß das Pferd weitgehend von Maschinen verdrängt wurde und die Herrenreiter daher auf viel-PS-sige Sportwagen umgesattelt haben; angenehmer Nebeneffekt: Man läßt den Wagen Sport treiben und beschränkt die eigene Tätigkeit darauf, das Gaspedal mit der Fußspitze zu bedienen.

Allerdings ist mit dieser Entwicklung ein Abstieg im wahrsten Sinn des Wortes verbunden gewesen. Während der Herrenreiter von einst vom hohen Roß auf die weniger Privilegierten herunterblicken konnte, muß er jetzt

Aus dem Wörterbuch für Reiter (1)

Aufzäumen
Anbringen verschiedenster Gebilde aus Leder und Metall am Pferdekopf. Je mehr Gebilde am Pferdekopf, desto schlechter in der Regel der Reiter.

auf sich runterblicken lassen. In seinem Luxusschlitten sitzt er in der Regel nur wenige Zentimeter über dem Asphalt und ist nicht nur den respektlosen Blicken von Brummifahrern und Busreisenden hilflos ausgeliefert, sondern muß sich auch noch gefallen lassen, daß selbst Kleinwagenfahrer ihm gegenüber eine gehobene Position einnehmen. Da sich diese Situation wegen der Stauhäufigkeit auf deutschen Straßen auch nicht durch einen energischen Tritt aufs Gaspedal bereinigen läßt, findet im Augenblick der Trend zum Pferd wieder mehr Anhänger. ***Zeitgemäß abgewandelt heißt diese Bewegung allerdings „zurück zur Natur" und nicht etwa „zurück zur Herrenreiterei":***

Doch gehen wir noch einmal zurück zum Begriff des Herrenreiters: Auch wenn sich das so anhört, mit dem Geschlecht des Gerittenen hat das nichts zu tun. Wer also glaubt, Herrenreiter säßen ausnahmslos auf Hengsten, also den Pferdeherren, liegt falsch, denn auch Stuten (weiblich) und Wallache (weder noch) sind Freitzeitpartner dieser Reiter. Als Herrenreiter bezeichnet man die Amateure dieser Sportart im Gegensatz zu den Berufsreitern, deren Zahl durch die Abschaffung der Kavallerie ganz beträchtlich abgenommen hat.

Die geistige Haltung — Horsemanship

Wichtigste Voraussetzung für den gehobenen Sport ist natürlich die richtige Einstellung dazu. In anderen Sportarten spricht man von Fairneß, beim Reiten von Horsemanship. Ein echter Horseman ist jemand, der sein Pferd auch schon mal über den Wassergraben trägt und sich bei ihm dafür entschuldigt, wenn er seinen Fuß unter dem Huf des Pferdes plaziert haben sollte, was beim Vierbeiner immerhin einen leicht unsicheren Stand hervorruft — dem Reiter fehlen schlimmstenfalls ein paar Zehen.

Oberste Regel des Horseman: ***Das Pferd hat immer recht.*** Zugegeben, es fällt nicht immer leicht, dieses Motto einzusehen, denn es gibt Situationen, in denen sich der Reiter immens beherrschen muß, um nicht aus seiner Haut zu fahren. Das läßt sich vielleicht am besten an folgenden Beispielen verdeutlichen:

Beispiel A

Lämmlein, genannt „Lämmi“, trägt seinen Reiter, Ignazius S., gemütlich zuckelnd durch das frische Frühlingsgrün. Ignazius genießt dieses Getragenwerden und in Gedanken bereits das kühle Helle im Reiterstübchen, das er sich nach anstrengend sportlicher Betätigung gewissermaßen ersessen hat. Lämmi spürt intuitiv die gedankliche Abwesenheit seines Reiters, spürt andererseits aber auch die laue Frühlingsluft, und all dieses Gespür animiert ihn zu einem lustig drolligen Bocksprung. Ignazius findet sich nach kurzer Luftfahrt auf dem Boden wieder und ist ob seiner schmerzenden Kehrseite ziemlich ergrimmt. Als Lämmi sich nun auch

noch mit kokett schief gehaltenem Kopf offensichtlich gut gelaunt seinem Ex-Besitzer nähert, bekommt er ein paar nicht zum Aufschreiben geeignete Worte zu hören, ja, Ignazius wäre wahrscheinlich sogar handgreiflich geworden, wäre da nicht die schmerzende Kehrseite gewesen.

Dieses Beispiel zeigt, daß Ignazius noch ein gutes Stück vom echten Horseman entfernt ist. ***Natürlich hätte er wissen müssen, daß bei der Reiterei die volle Aufmerksamkeit dem Pferd gehört*** und nicht etwa irgendwelchen profanen Dingen, wie Bier im Reiterstübchen. Nun ja, bei diesem Fall bekamen schließlich alle Beteiligten ihre Quittung: Lämmi wurde für die Nachlässigkeit seines Reiters mit 14 Tagen Weidegang belohnt, Ignazius mußte in dieser Zeit sein Bier im Stehen einnehmen, schlief nur noch auf dem Bauch und bestellte sich für sein Büro ein Stehpult, das an dem Tag geliefert wurde, als er sich zum ersten Mal wieder setzen konnte.

Beispiel B

Waldemar Sch. findet sich abrupt im Staub der Reitbahn wieder — die Vorgeschichte können wir uns schenken, weil sie ähnlich oder auch ganz anders als im Beispiel A) abgelaufen sein kann. Jedenfalls ist sich Waldemar sofort darüber im klaren, daß er einen Fehler gemacht haben muß. Als sich nun das Schulpferd namens „Nickel“ über ihn beugt, die Lefzen (nein, natürlich heißt das bei Pferden Lippen) hochgezogen, nur das Weiß im Auge zeigend, dem Untenliegenden immer näher kommt, dreht sich Waldemar in Demutsgeste mit letzter

Kraft auf den Bauch und bietet dem Sportpartner, Vergebung heischend, seine rückwärtige Partie dar. Ein konvulsivisches Zucken eben dieses Körperteils verrät, daß „Nickel" die Entschuldigung angenommen hat.

Folge: Nickel bekommt vier Wochen Weideurlaub, Waldemar 14 Tage Krankenhausaufenthalt, weil die Näharbeiten doch etwas komplizierter ausfallen, als zunächst angenom-

men und anschließend weitere 14 Tage Schonung erforderlich machen, was Waldemars Bankkonto dank einer großzügig bemessenen Verdienstausfallversicherung beträchtlich anschwellen läßt, zumal er keine Möglichkeit hat, in dieser Zeit Geld auszugeben. Und natürlich kommt noch das Hochgefühl dazu, ***wahre Horsemanship*** praktiziert zu haben.

Berücksichtigt man jetzt noch, daß Ignazius sich dem Reitsport schon seit rund 10 Jahren verschrieben hat, während Waldemar erst drei Jahre „dabei" ist, dann mag das verdeutlichen, ***daß Horsemanship eigentlich eine eher irrationale Größe und nur sehr schwer erlernbar ist.*** Man hat's oder eben nicht.

Nun, Horsemanship ist noch nicht alles an geistigen Voraussetzungen, die man für den Pferdesport mitbringen muß. Da wäre zum Beispiel noch die Überwindung zu nennen, deren es bedarf, solch ein Tier von rund 1,70 Metern Schulterhöhe zu besteigen. Das Raufkommen ist dabei noch nicht einmal so schlimm — der Teufel steckt in der Tatsache, daß man da ja auch wieder

Aus dem Wörterbuch für Reiter (2)

Bereiter Ist derjenige, der dem Pferd gute Manieren beibringt, damit der Reiter was hat, was er dem Pferd wieder abgewöhnen kann. Hat der Reiter dieses Ziel erreicht, tritt wieder der Bereiter in Funktion.

runter muß oder will, freiwillig oder auch mehr oder weniger gezwungenermaßen.

Hinzu kommt noch die Tatsache, daß Pferde weder über Trommel- noch Scheibenbremsen verfügen und auch sonst nicht geneigt sind, sich technischen Gesetzmäßigkeiten zu unterwerfen. Wird dem Anfänger nun außerdem noch bewußt, daß ein Pferd die ganze Geschichte doch nur aus reiner Gutmütigkeit mitmacht, denn welcher Mensch wollte dieses edle und sehr starke Geschöpf zum Reitdienst zwingen können, dann gibt er am besten eine Kleinanzeige im nächsten Regionalblatt auf, etwa folgenden Inhalts:

„Komplette Reitausrüstung — praktisch neuwertig — umständehalber an Herrenreiter zu verkaufen. Da das liebevoll zusammengestellte Outfit nur an adäquate Personen abgegeben wird, bitte ich um Bewerbungen (unter Angabe von entsprechenden Referenzen) an folgende Chiffre Nr. . . :"*

Falls Sie diese oder eine ähnliche Anzeige aufgeben wollen, bleiben Ihnen zwei Möglichkeiten:
a) Sie schließen dieses Buch und verzichten darauf, sich weiter in den Text einzuarbeiten, dann können Sie das Werk natürlich den inserierten Gegenständen beifügen oder
b) Sie setzen die Lektüre in dem neuen Bewußtsein fort, daß Sie das alles nichts mehr angeht und Sie die folgenden Überlegungen nun aus der Distanz um so mehr genießen können.

* Anmerkung des Autors: Falls Sie diesen Text für Ihre Anzeige verwenden möchten, setzen Sie sich bitte mit dem Autor oder dem Verlag in Verbindung — Sie werden verstehen, daß wir eine kleine Gebühr für das Copyright berechnen müssen. Herzlichen Dank.

Physische Voraussetzungen

Die geistigen Voraussetzungen allein machen noch keinen Reiter. Wer könnte schon — von ein paar Zirkusartisten abgesehen — diesen Sport ausschließlich auf dem Kopf betreiben? ***Da ist schon der ganze Mann und vor allem seine Sitzfläche gefragt.***

Das Reiten beansprucht Muskeln des menschlichen Körpers, die so eigentlich bei keiner anderen Sport-

Blut Ein ganz besonderer Saft. Je nachdem ob ein Pferd davon voll ist oder weniger mitgekriegt hat, unterscheidet man zwischen Vollblut, Halbblut, Warm- und Kaltblut. Die Vollblüter sind meistens schnell, die Kaltblüter meistens sympathisch.

art gefordert werden. Das merken Anfänger immer dann, wenn sie auf einmal Körperpartien schmerzlich spüren, von denen sie früher nie genau gewußt hatten, daß sie sie überhaupt besitzen.

Nun gibt es aber auch noch andere physische Eigenschaften, die einem die Reiterei beträchtlich erschweren, wenn nicht nahezu unmöglich machen. Lassen Sie mich das Beispiel eines Architekten erzählen, der sich jahrelang abmühte, die Anweisungen seines Reitlehrers zu befolgen — umsonst. Es gelang ihm einfach nicht, seine Beine in die vorschriftsmäßige Haltung zu bringen, die da heißt: Die Absätze sind der tiefste Punkt des Reiters und liegen am Pferdeleib an, während die Fußspitzen leicht nach außen zeigen. Florentine, das Familienpferd, war ein ausgesprochen guter Futterverwerter und entsprechend rundlich gebaut. Eines Tages kam der ewige Reitschüler mit einer maßstabsgetreuen Zeichnung an, die ihn auf Florentine zeigte. Seufzend, aber auch ein wenig triumphierend hielt er dieses Werk seinem Lehrer unter die Nase: „So, und nun sagen Sie mir mal, wie ich meine kurzen Sitzriesenbeine vorschriftsmäßig um unsere Flori kriegen soll!" Der Reitlehrer mußte passen und unser selbstkritischer Architekt überließ von Stund' an Florentine den übrigen Familienmitgliedern.

Tatsächlich haben Menschen mit einem ausgesprochen langen Oberkörper und verhältnismäßig kurzen Beinen in dieser Sportart ganz besonders große Schwierigkeiten — nicht allein wegen der klassischen Reithaltung, sondern auch wegen des ungünstigen Schwerpunktes, der sich vor allem in Kurven unangenehm bemerkbar macht. Wer selbstkritisch genug ist, hat

wieder zwei Möglichkeiten:
a) er hängt den Sport an den berühmten Nagel, gibt eine Anzeige (siehe oben) auf und versucht es mit einer anderen Sportart, z. B. Schach, da macht sich ein imponierend langer Oberkörper ausgezeichnet, und etwas kürzere Beine haben garantiert keinen Einfluß auf die Fähigkeiten des logischen Denkens, oder

b) er sucht sich ein Pferd, das die leichten körperlichen Unzulänglichkeiten des Reiters durch ein ruhiges Temperament (denken Sie an die Fliehkraft in den Kurven) und einen betont schlanken Körperbau kompensiert. Das allerdings dürfte sich nicht ganz leicht gestalten, denn einer doch beträchtlichen Anzahl langoberkörpriger und dennoch reitwilliger Menschen steht eine wesentlich geringere Zahl von Pferden mit den oben geschilderten Merkmalen gegenüber.

In diesem Zusammenhang muß man natürlich auf eine gewisse Ungerechtigkeit beim Reitsport hinweisen: ***Der Mensch kann körperliche Unzulänglichkeiten in manchen Fällen dadurch ausgleichen, daß er sich ein passendes Pferd sucht.*** Was aber macht ein Pferd, das über physische Mängel verfügt? Ihm bleibt nur übrig, seinen unpassenden Herrn so lange in den Sand zu setzen, bis der oder in ernsteren Fällen seine Erben den Vierbeiner verkaufen. Mit viel Glück und Stehvermögen wird solch ein etwas gehandicaptes Pferd irgendwann den passenden Reiter finden. Sehr wahrscheinlich ist das allerdings nicht, denn das bundesdeutsche Bürgerliche Gesetzbuch behandelt Pferd wie Hund und Katze als „Sache“ — und mit der kann man natürlich ganz anders umspringen als etwa mit Fußballspielern, die zwar auch gehandelt werden, aber immerhin unter die Menschen fallen.

Mit einem Gefühl, das den Reitern immer wieder Probleme macht, hat das Pferd allerdings selten solche: dem Gefühl für Gleichgewicht und Takt. ***Pferde verfügen von Natur aus über einen sehr gut entwickelten Gleichgewichtssinn und über Taktgefühl.*** Zu Beginn der Karriere eines Pferdes, das unter dem Reiter gehen soll, muß der Vierbeiner zwar noch lernen, sich mit

Bremsen Gibt es beim Pferd nicht, was so manchem Reiter schon Schmerzen bereitete.

dem auf ihm Draufsitzenden im Gleichgewicht zu bewegen, doch das hat es schnell raus, wobei ihm natürlich seine Anatomie mit den vier Beinen sehr entgegenkommt. Das Taktgefühl ist in der Regel jedoch grundsätzlich vorhanden und kann allenfalls durch den Menschen durcheinandergebracht werden.

Doch entschuldigen Sie bitte, jetzt bin ich beim Pferd gelandet, wo ich doch eigentlich die Voraussetzungen des idealen Herrenreiters schildern wollte. Also, er sollte über einen ausgeprägten Gleichgewichtssinn verfügen, ***denn das Balancieren auf dem Pferderücken ist so einfach nicht,*** und die Ansprüche an diese Fähigkeiten steigen proportional mit der Geschwindigkeit, in der das Reiten ausgeübt wird. Mit anderen Worten: Der Reiter, der sein Pferd im Schritt durch die Landschaft bewegt, wird weniger Mühe haben, die Gesetze der Schwerkraft einzuhalten, als derjenige, der den Galopp bevorzugt.

Übrigens, um Mißverständnissen vorzubeugen: beim Gesetz der Schwerkraft handelt es sich nicht um Paragraphen, die dem bundesdeutschen Gesetzgeber eingefallen sind, sondern diese Bestimmung ist ein Naturgesetz und kann daher weder von einem zweigeteilten noch einem einigen Deutschland geändert werden und gilt in den bevorzugten Urlaubsländern genauso wie hierzulande. Das nur als kleinen Einschub für den Fall, daß Sie planen, Ihren Reiter-Urlaub auf Grönland, am Südpol oder einem der anderen bevorzugten Reiseziele zu verbringen. Eine Anfrage bei der Deutschen Reiterlichen Vereinigung oder dem ADAC nach den Reitverkehrsregeln im Ausland wird Ihnen daher keinerlei Auskünfte über das Gesetz der Schwerkraft in diesen Ländern bringen. Es ist überall gleich und bedeutet, daß der freie

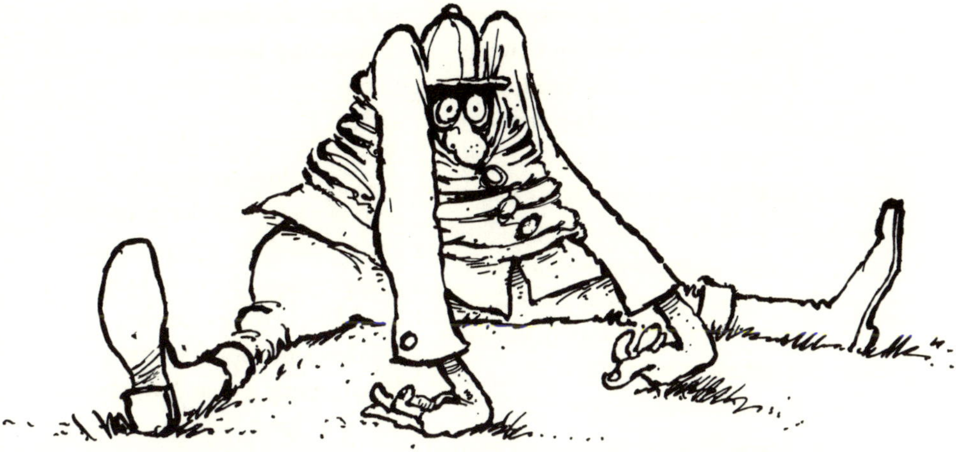

Fall innerhalb der Erdatmosphäre nie aufwärts, sondern immer abwärts geht (was anderes ist es bei den Berufsreitern, die können schon mal die Treppe rauffallen — aber ob der Fall dann *frei* ist, darüber möchte ich an dieser Stelle lieber nicht referieren).

Bliebe jetzt noch das Taktgefühl abzuhandeln. Auch in diesem Bereich sind die Pferde ihren Reitern deutlich überlegen. Kein Wunder, denn sie müssen schließlich vier Beine so bewegen, daß sie damit nicht durcheinanderkommen. Da hat's der Mensch mit seinen beiden Beinen sehr viel leichter — und darum fehlt's ihm wohl auch so oft, das Taktgefühl. ***Ein guter Reiter sollte immer wissen, wo sich im Moment die Beine seines Pferdes befinden.*** Die einen trainieren das mit dem Kopf, die anderen mit der Kehrseite. Wenn man's begriffen hat, so oder so, ist es vergleichsweise wurscht, mit welchem Körperteil die Erkenntnis aufgesogen wurde, das Ergebnis ist das gleiche. Einen Unterschied macht das eigentlich nur bei Reitlehrern, die diesen Vorgang ihren Schülern erklären müssen.

Diejenigen, die es mit dem Kopf erarbeitet haben, tun sich beim Erklären naturgemäß leichter als die anderen.

Doch wozu braucht ein Herrenreiter Taktgefühl? Nun, er muß sich den Bewegungen seines Untergebenen, also seines Pferdes anpassen. Und zwar je nach Gangart in einem unterschiedlichen Takt. Nun liegt natürlich die Frage nah: ***Warum sollte sich der Reiter dem Pferd und nicht das Pferd dem Reiter anpassen?***
Drei Gründe:
a) Mit Pferden redet es sich so schlecht, die begreifen einfach nicht, wie man den Takt gerne hätte, außerdem
b) müssen sie vier Beine und das Gewicht des Reiters in ihrem Rücken koordinieren und das Ganze in eine Vorwärtsbewegung bringen und
c) Pferde sind nun mal stärker als Menschen …

Dennoch gibt es natürlich Gegenbeispiele von Menschen, die ihr mangelhaftes Taktgefühl dadurch ersetzt haben, daß sie ihren Reittieren ihren Takt aufzwingen ließen. Napoleon war z. B. so einer. Bei ihm war ein Reitmeister angestellt, der mit Mitteln, die heute jedem Tierschützer Tränen der Wut in die Augen treiben würden, den Reittieren des Feldherrn einen völlig anderen Takt anzugewöhnen hatte. Die Pferde Napoleons gingen im Paß, also einer Schrittfolge und damit einem Takt, der den Kamelen abgeschaut worden war. Dieses sanfte Wiegen der Wüstenschiffe war vor allem über längere Strecken deutlich weniger anstrengend als die doch etwas ruppigere Gangart der normalen diagonalen Schrittfolge.
Soweit mir bekannt ist, beschäftigt sich im Augenblick ein renommierter Historiker mit diesem Thema. Arbeitstitel der Studie: „*Aufstieg und Fall Napoleon Bonapartes unter besonderer Berücksichtigung des Paßganges seiner Pferde.*“

Von Fall zu Fall

Wenn die Reiterinnen bisher in diesem Buch noch nicht vorgekommen sind, dann deshalb, weil sie ihre sportlichen Ambitionen im Pferdesport erst in jüngerer Zeit in größerem Umfang verwirklichen können. Zu lange beherrschte die Angst der Herrenreiter vor der Amazone die Reiterei, doch dazu mehr im nächsten Kapitel. Auch in diesem Abschnitt steht noch einmal der männliche Reiter im Vordergrund. Wir wollen uns mit einer unangenehmen Nebenerscheinung der Reiterei beschäftigen: dem unfreiwilligen Absitzen, kurz „Fall" genannt.

Ein geistreicher Definitionskünstler (oder war ich es vielleicht selbst?) hat den Reitsport einmal als ***„die sportliche Betätigung auf dem Pferderücken zwischen zwei Stürzen"*** bezeichnet. Das mag etwas hart klingen, aber das Wort entbehrt nicht eines gewissen Wahrheitsgehaltes. Die Amazonen können wir, wie bereits angedeutet, in diesem Kapitel weitgehend unberücksichtigt lassen, fällt ihr Fall im Fall des Falles doch selten so gravierend aus wie der Fall des Herrenreiters. So tief wie dieser kann kein anderer fallen. Muß eine Amazone unfreiwillig in den Staub der Reitbahn, wird sie sich erheben, den Staub lässig von ihrer Kleidung klopfen und sich wieder auf den Pferderücken schwingen, sobald der vorbeikommt. ***Ein Herrenreiter bleibt erst mal liegen, um zu überlegen, wer denn alles seinen Fall beobachtet haben könnte.*** Dann beginnt er sich ächzend zu erheben und wendet dabei seine Gedanken der Frage zu, wie er aus dem unangenehmen Zwischenfall Kapital schlagen kann. Gelingt ihm das schnell, sitzt er wieder auf, fällt ihm dazu nicht so bald was ein, begibt er sich stark lahmend in das Reiterstübchen, um sein Grübeln dort bei einem Glas Bier fortzusetzen. In der Regel schafft er es, bis zum Eintreffen der Mit-Reitschüler den Fall in eine Heldentat umzumünzen. Beliebte Erklärungen sind: die Rücksichtnahme auf das Pferd, die Mitreiter oder auch der Reitlehrer. Eisig werden die Mienen der Anwesenden allerdings, sollte der Gestürzte dem Pferd die Schuld geben wollen …

Geradezu ein Musterbeispiel des herrenreiterlichen Falls lieferte Bodo von M.: Während einer Springstunde haute sein dafür bekannter „Alligator" vor dem Sprung die Vierradbremse rein, das heißt, er verweigerte den Hüpfer, und das so urplötzlich, daß Bodo von M. die Vorwärtsbewegung nicht mehr stoppen konnte und elegant zwischen den Ohren „Alligators", das Hindernis hinter sich liegenlassend, parterre segelte. Daß er dabei nicht auf den Kopf fiel, beweist die Schilderung des Sturzes, die er später den andächtig Zuhörenden im Reiterstübchen lieferte: „Ausgerechnet in dem Moment, als Alligator zum Sprung ansetzte, sah ich, daß ihm eine Fliege ins Auge flog — mit einem praktisch blinden Pferd springen? Niemals! Also Bremse rein, ganze Parade, raus aus

dem Sattel und noch im Flug die Fliege erledigen war eins." Er blickte auf die zur Faust geballte Hand, öffnete sie langsam und präsentierte den staunend Umsitzenden eine respektable Fliegenleiche. Mitten in die ausgebrochene Stille tönte eine Stimme aus der Küche: „Herr von M., brauchen Sie die Fliegenklatsche noch?" …

Der Herrenreiter fällt nicht etwa passiv in den Sand, sondern ***er stürzt aktiv und in guter Haltung.*** Gelingt ihm das mal nicht so ganz, tut ihm dieser Sturz doppelt weh, nämlich psychisch und physisch. Ich kann mich des Eindrucks nicht erwehren, daß Amazonen im Zusammenhang mit dem Fallen sehr viel praktischer denken, also mit der Psyche deutlich weniger Probleme haben. Vielleicht fällt es den Herren unter den Reitern aber auch einfach schwerer, gewisse reiterliche Lücken zuzugeben, die ja in den meisten Fällen der Fälle oder Stürze die Ursache für dieselben sind. Auch dieses Thema wäre sicherlich längst in einer wissenschaftlichen Studie abgehandelt worden, wenn sich nicht sehr unterschiedliche akademische Fachrichtungen über die Zuständigkeit gestritten hätten. Die Soziologen, also Gesellschaftswissenschaftler, streiten sich mit den Humanmedizinern und den Psychologen darum, wer dieses Thema am kompetentesten bearbeiten könnte. So werden wir auf die letzten Erkenntnisse dazu noch eine ganze Weile warten dürfen.

Die Amazone

Will man dem offiziellen Wörterbuch des Pferdesports* Glauben schenken, dann handelt es sich bei Amazonen um:

„1. Militärische Damenriege, die unter Penthesilea vor Troja kämpfte und nicht nur mit den Waffen einer Frau den alten Griechen mächtig zu schaffen machte.
2. Etwas antiquierter Ausdruck für Reiterinnen, die die Männer im reitsportlichen Wettkampf das Fürchten lehren.
3. Mutige Damen, denen das Rennreiten so viel bedeutet, daß sie sich unter die dirigistische Fuchtel männlicher Funktionäre begeben und sich gefallen lassen, nur in Amateur- oder Klasse-B-Rennen starten zu dürfen."

Reduziert man diese Definition auf das wesentliche, so bedeutet sie: Männer fürchten reitende Frauen, und das schon seit der Zeit der alten Griechen, was sie aber nicht daran hindert, ständig in das Damenreiten reinzuquatschen.

Diese Voraussetzungen haben dazu geführt, daß Amazonen zunächst das Reiten ganz verwehrt wurde. Als die sich das nicht mehr gefallen ließen, hat Mann reitwilligen Damen besondere Auflagen gemacht, die verhindern sollten, daß die pferdesportlichen Leistungen von Mann und Frau verglichen werden konnten. So wurde z. B. der

* G. Wöckener/L. Sartin, „Pferdesport, ein fröhliches Wörterbuch ..."
TOMUS Verlag GmbH, München 1989

Damensattel erfunden. Ein geschickter Schachzug, denn der Hintergedanke zielte auf die Eitelkeit des weiblichen Geschlechts, das in jener Zeit nicht im Traum daran gedacht hätte, sich männliche Beinkleider überzustreifen, nur um ein paar Runden auf einem Pferd drehen zu können. Also nahmen sie sittsam auf dem Damensattel Platz, auch wenn mit diesem „Gerät" die Beherrschbarkeit des Pferdes natürlich deutlich geringer war als im richtigen Reitsitz.

Dennoch, es gab Amazonen, die selbst mit diesem Handicap Erstaunliches auf dem Pferderücken zu leisten imstande waren und sich sogar an Springprüfungen beteiligten. Damit wiederum wuchs verständlicherweise das Selbstbewußtsein der Reiterinnen, und der nächste Schritt war vorprogrammiert: In den Modeateliers arbeitete man fieberhaft an einer Reitkleidung, die zum einen den Sinn für die Eleganz der Amazonen befriedigte und ihnen zum anderen den „schicklichen" Gebrauch des normalen Sattels erlauben sollte. ***So kam es, daß, zunächst vereinzelt, dann immer häufiger, auch in der Öffentlichkeit Damen die Hosen anhatten,*** die ihnen Gleichberechtigung — zumindest auf dem Pferderücken — garantierten.

So tauchten schließlich auch auf den Turnierplätzen mehr und mehr Amazonen auf und machten den reitenden Männern beachtliche Konkurrenz. In der Bundesrepublik reagierten die Funktionäre darauf ausgesprochen plump: Ihnen fiel nichts Besseres ein, als nationale Meisterschaften getrennt nach Geschlechtern auszutragen (da war die Geschichte mit dem Damensattel doch erheblich geistreicher).

Natürlich haben sich Soziologen und Psychologen längst mit dem Phänomen beschäftigt, daß sich Reiterinnen sehr viel schneller ihre Gleichberechtigung verschafften als in allen anderen Lebensbereichen. Einige der Wissenschaftler kamen dabei zu der — allerdings nicht unumstrittenen — Erkenntnis, daß diese Entwicklung auf die im wahrsten Sinn des Wortes erhöhte Mobilität der Amazone zurückzuführen sei. Die Möglichkeit, auf die Mehrzahl aller Männer (die meisten waren in diesen Zeiten Fußgänger) herabschauen zu können, habe das Selbstbewußtsein dieser Damen so gehoben, ***daß sie schließlich zu Vorreiterinnen der Emanzipation avancierten.***

Horsewomanship gibt es nicht — oder doch?

Wie bereits im Abschnitt über das Fallen ausgeführt, gehen Amazonen die Reiterei eher unter praktischen Gesichtspunkten an, haben also keinen besonderen Ehrenkodex entwickelt. Schon die Tatsache, daß es das Wort Horsewomanship weder im Englischen noch im Deutschen gibt, deutet auf das Fehlen eines ideologischen Unterbaus der Damenreiterei hin.

Wenn es den Begriff auch (noch) nicht gibt, so ist doch zu vermuten, daß es eine ausgesprochen faire Haltung der Amazone zum Sportpartner Pferd geben muß, sonst ließen die Vierbeiner sie ja gar nicht erst auf sich Platz nehmen.

Aus dem Wörterbuch für Reiter (3)

Dressur Die Kunst des Pferdes, mit schlafwandlerischer Sicherheit vorauszuahnen, was sein Reiter von ihm will, und diesen dabei in dem Glauben zu lassen, daß er es ist, der das Geschehen bestimmt.

Durchparieren Der Versuch des Reiters, sein Pferd zu einer langsameren Gangart zu bewegen. Der Erfolg dieser Maßnahme hängt ab von: a) dem Wohlwollen des Pferdes, b) dem Wohlwollen des Pferdes, c) dem Wohl ... z) den Fähigkeiten des Reiters.

Dafür kann eine ganz einfache Erklärung herhalten: Der weit überwiegende Teil junger Reiter sind Reiterinnen. Weibliche Wesen entdecken ihre Liebe zum Pferd offenbar sehr viel früher als Knaben — vielleicht weil die glauben, den Mädchen mit technischen Kunststückchen mehr imponieren zu können, sich damit in der Regel aber am „Markt" vorbeibewegen, denn nach meinen Beobachtungen sind die wenigen männlichen Jungbürger Hähne in sämtlichen Körben, sprich Reitställen.

Doch wir sind ein wenig vom Thema abgewichen, das ja das Verhältnis Amazone — Pferd behandelt wissen will. Die sehr frühe, um nicht zu sagen frühreife, Beziehung des weiblichen Wesens zum edlen Vierbeiner Pferd weckt — wissenschaftlich gesehen — gewisse Beschützerinstinkte bei den heranwachsenden Amazonen: ***Sie fühlen sich für das eingesperrte, vom Menschen besessene und beherrschte Wesen verantwortlich.*** Sie suchen den, wenn möglich täglichen, Umgang mit ihm und versäumen keine Gelegenheit, es zu verwöhnen.

Das Pferd bedankt sich bei den jungen Damen damit, daß es immer wieder als Pflegeobjekt für die ausge-

fallensten „Stylingideen“ herhält. So mancher Reiter, der sein Roß einer Reitschülerin „in Pflege“ gab, hat das gute Tier nach derartigen kosmetischen Maßnahmen nur sehr schwer wiedererkannt. Naturgemäß konzentrieren sich die jungen Amazonen auf die langhaarigen Teile der Vierbeiner: die Mähne und den Schweif. Und was sich daraus alles machen läßt, versetzt selbst altgediente, professionelle Pferdepfleger hin und wieder in Erstaunen.

In diesem Zusammenhang wird deutlich, daß die Amazonen ihre Reiterei aus einem ganz anderen Blickwinkel betrachten als die Herrenreiter. Den reitenden Damen geht es weniger darum, sich das Pferd untertan zu machen, als vielmehr darum, sich ihm auf möglichst verständnisvolle, Konfrontationen vermeidende, Art zu nähern, sich also ihr Vertrauen zu erschleichen — horsewomanship?

Gefahren
z. B. O-Beine?

Natürlich ist der Reitsport nicht ungefährlich. Tatsächlich kann man vom Roß fallen, man kann glauben, es tritt einen ein Pferd — oder es tut es wirklich, oder man kann sich O-Beine einhandeln, nein nicht wirklich, denn die Knochen oder Gelenke des Menschen werden durch die Reiterei nicht beeinflußt. Lediglich einige Beinmuskelpartien werden stärker ausgebildet, und das kann dann so aussehen wie ... ***aber O-Beine sind das nicht.*** Dieses Märchen stammt wahrscheinlich eher von Amazonen (Männer bringen diese Ausrede nie, vermutlich, weil es auf ihre Haxen eh weniger ankommt), die sich zwei Reitstunden leisten, um anschließend ihre leicht konvexen Geh-Extremitäten mit der intensiven Ausübung des Pferdesports erklären zu können.

Die *wirklichen* Gefahren bei der Reiterei spielen sich in ganz anderen Bereichen ab: Man darf eben nicht vergessen, daß ein solches Hobby, in das Mensch und Tier aufs Engste involviert sind, um es salopp auszudrücken, eine „Beziehungskiste" darstellt. Da werden ganz einfach und völlig natürlich Überlegungen angestellt wie: Mein Mann mag Odysseus nicht, aber der Franz, was soll ich tun? Oder: Elsa paßt so

zauberhaft auf Lohengrin — vielleicht auch zu mir? Da liegen die eigentlichen Gefahren, und die werden leider immer wieder unter die Reitbahn gekehrt.

Da ein Durchschnittsreiter für die Presse eher uninteressant ist, erfährt man von seinen zwischenmenschlichen Problemen in der Regel nichts. Zur Untermauerung unserer These könnten wir aber eine ganz Reihe von Beispielen aus dem Bereich des Spitzen-Springsports anführen, denn auch die Hochleistungssportler sind gegen die oben geschilderten Versuchungen nicht gefeit. Ich möchte mich aber nur ungern auf das Niveau der Boulevardblätter begeben und lasse es daher bei diesen Andeutungen bewenden. Falls Sie, liebe Leserin, lieber Leser, mehr über diese Gefahren des Reitsports wissen möchten, empfehle ich Ihnen, den Sport- bzw. Gesellschaftsteil der entsprechenden Tages- oder Wochenpresse zu Gemüte zu führen.

Nun hat mein Verleger bei der Konzeption dieses Werkes „Lebenshilfe" verlangt — das verlangen Verleger immer, wenn ihnen nichts mehr einfällt, denn angeblich steigert das die Verkaufszahlen der Bücher. Nur leider stehe ich jetzt im Dunkeln, denn was soll oder kann ich gegen zwischenmenschliche Beziehungen tun, die sich auf dem Umweg über ein Pferd anbahnen oder auch nicht? Ich kann Ihnen nicht einmal raten: Machen Sie die Augen zu und durch! In diesem Fall würde man mir zu Recht mangelnde Sorgfaltspflicht vorwerfen,

denn ein Blinder auf einem Pferd stellt eine Bedrohung für sich selbst und seine Umgebung dar.

Was trägt man zu welchem Pferd?

Das ist nun ein äußerst heikler Abschnitt, denn ich werde kaum umhin können, schonungslos einen unerhörten Mißstand anzuprangern, der in erster Linie die Amazonen betrifft — in Ausnahmefällen auch den Herrenreiter: ***Die Putzsucht,*** die nicht selten das Hauptmotiv für die

Ausübung des Reitsports bildet. Gemeint ist hier nicht etwa die Sucht, sein Pferd zu putzen, statt es zu bewegen, sondern das Sich-Herausputzen, um gebührend beachtet zu werden, was dann auch wieder unmittelbar mit den Gefahren des Reitsports zusammenhängt.

Natürlich sollte die Kleidung des Reiters/der Reiterin dem Sport angemessen, also zweckmäßig und ordentlich sein, aber ist es denn bitteschön nötig, die Reitstunde zur Modenschau umzufunktionieren?

Allerdings ist es überaus wichtig, seine Kleidung auf die Farbe des Pferdes abzustimmen, das man zu reiten gedenkt. Es ist einfach ein Unding, gelbe Socken zu tragen, wenn man einen Fuchs besteigt (da hilft auch nicht die Ausrede, daß die Socken schließlich von den Stiefeln komplett verdeckt werden). Zugegeben, dieses strenge Einhalten harmonischer Farbabstimmungen zwischen Pferdefarbe und reiterlichem Outfit bringt hin und wieder gewisse Schwierigkeiten mit sich, dann nämlich, wenn der Reitlehrer aus pädagogischen Erwägungen die Pferde anders verteilt, als die Reitschüler zu Hause beim Ankleiden angenommen hatten. Hier hilft nur blitzartige Eigeninitiative dergestalt, daß man sich die Kleidung desjenigen ausleiht, der das Pferd bekommen hat, das man selbst besitzen wollte. Falls Sie also in der Reitbahn den einen oder anderen Reiter, die eine oder andere Reiterin mit ausgesprochen schlecht sitzendem Jackett

Aus dem Wörterbuch für Reiter (4)

Ehrenrunde
Zusätzliche Arbeit für ein Pferd, das seinen Reiter zum Sieg getragen hat.

oder einer beutelnden Reithose sehen, sollten Sie keine voreiligen Schlüsse ziehen, sondern zunächst einmal die Möglichkeit in Betracht ziehen, daß hier mit Rücksicht auf die Farbkomposition Pferd-Reiter/Reiterin ein etwas überhasteter Kleidungsaustausch vorgenommen wurde.

Übrigens, es gibt eine ganz einfache Methode, Outfitreiter von echten Reitern zu unterscheiden: ***Wer seine Sporen erst nach dem Reiten und vor dem Betreten des Reiterstübchens anschnallt, ist mit Sicherheit jemand, dem es ausschließlich auf die Kleidung ankommt.*** Echte Reiter legen die Sporen, sofern sie sie nicht nur zu Hause am Schreibtisch tragen, gleich nach dem Reiten ab.

Der Vierbeiner, die Vierbeinerin, das Vierbeiner

Dieses Kapitel ist nun endlich den Hauptpersonen gewidmet, den Pferden. Wie beim Menschen unterscheidet man auch diese Wesen zunächst einmal nach den Geschlechtern. Da sind zuerst die Hengste — wir nennen sie zuerst, weil sie im Hobbysport nur eine Nebenrolle spielen. Ihr ausgeprägter Geschlechtstrieb kombiniert mit der geballten Kraft, die sie einsetzen können, um selbigen zu befriedigen, macht sie für den normalen Reitsport weitgehend ungeeignet.

Die Pferdedamen, die Stuten, sind da wesentlich umgänglicher und daher auch bei Reiterinnen und Reitern beliebter. Allerdings haben sie nicht selten ihren eigenen Kopf und stellen sich — nach Aussagen mancher Menschen (meistens natürlich männlichen Geschlechts) hin und wieder „zickig" an. Beobachtet man, wie gerade diese Menschen mit den ihnen anvertrauten Pferden umgehen, wird man in der Regel feststellen, daß sich eigentlich jedes Pferd „zickig" gegen eine solche Behandlung wehren müßte.
Die Pferde, die das nicht tun, sind meistens weder noch, das heißt, es waren Hengste bis zu dem Zeitpunkt, als der Mensch der Natur ins Handwerk pfuschte und aus ihnen mittels einer einschneidenden Operation Wallache machte. Diese nun geschlechtslosen Wesen sind meistens sehr gutartig, und falls das eine oder andere von ihnen doch mal über die Stränge schlägt, sollte man besonders nachsichtig mit ihnen umgehen, denn wer

weiß, wie sich ein männlicher Mensch für eine derartige Behandlung wohl rächen würde ...?

Die Auswahl des Sportpartners

Wie bereits erwähnt, ist die Ausübung des Reitsports mit einer Art Beziehungskiste verbunden. ***Pferd und Mensch müssen zueinander passen.*** Das Wahlrecht hat nun mal nur der Mensch, und der irrt sich in der Beurteilung der inneren und äußeren Eigenschaften bei seinesgleichen schon oft genug — um wieviel häufiger wohl bei der Beurteilung seines Rosses?

Es gibt einen Berufsstand, den diese Irrtümer sehr freuen, nicht etwa, weil diese Menschen besonders schadenfroh wären, sondern weil sie daran verdienen. Gemeint sind die Pferdehändler, also jene Menschen, die von Berufs wegen anderen ein Pferd verkaufen. Kommt dieser andere mit seinem Sportpartner nicht zurecht, dann steht er kurze Zeit später mit ihm wieder auf dem Hof des Pferdehändlers und bittet um Rücknahme. Der Händler setzt dann normalerweise sein entgegenkommendstes Lächeln auf und beteuert, daß er das Pferd selbstverständlich wieder in seinen Stall nehme, aber den Kaufpreis nicht rückerstatten könne, allerdings habe er da gerade den Rasputin reinbekommen und den könne er ihm, dem Kunden, bestens empfehlen. Der Kunde sieht sich Rasputin an, nimmt auf ihm Platz, fühlt sich wie im siebten Himmel — und ist gerne bereit, noch zwei Tausender draufzuzahlen, schließlich hat er den Kaufpreis für das erste Pferd längst abgebucht — und so ein Spitzenpferd für zwei Mille ...!

Aus diesem Grund ist verständlich, daß sich die meisten Pferdehändler, ganz im Gegensatz zu nahezu allen anderen Handelsbranchen, darüber freuen, wenn man ihnen die Ware zurückbringt.

In diesem Zusammenhang möchte ich nicht versäumen, für den Berufsstand der Pferdehändler eine Lanze zu brechen. Diese so oft geschmähten Kaufleute in Sachen Reittiere sind fast immer Vollblut-Pferdemenschen, die sich im Dienst der Vermittlung des passenden Pferdes zum noch so unbedarften Reiter nahezu aufreiben (natürlich gibt es dabei auch — wie in allen anderen Berufen — schwarze Schafe). ***Gewissenhafte Pferdehändler kennen weder Sonn- noch Feiertage und ruhen nicht, bis sie für die Reiterin/den Reiter genau den richtigen Sportpartner gefunden haben.*** Und das ist nicht ganz einfach, muß

doch das ideale Pferd gutmütig die reiterlichen Schwächen seines Besitzers kompensieren.

Wirklich sauer reagiert ein Pferdehändler eigentlich nur in zwei Fällen:
a) Wenn ein ihm überreichter Scheck nicht gedeckt ist oder
b) der Kunde bezweifelt, daß es sich bei dem Pferd, das ihm angeboten wird, tatsächlich um das Tier handelt, das auf dem dazugehörenden Papier (eine Art Geburtsurkunde) beschrieben wird.

Übrigens, die Mär, daß ein Pferdehändler seine Preise entsprechend dem Fahrzeug macht, mit dem der potentielle Kunde auf den Hof fährt, ist wirklich eine Mär: Natürlich wird jemand, der mit einer Nobelkarosse erscheint, ganz andere Pferde zu sehen bekommen als ein argloser Mopedfahrer, dem vielleicht die Stalltür verschlossen bleibt — aber an den Preisen ändert das doch nichts!

Und noch etwas zum Thema Auswahl des Sportpartners: ***Zum Pferdehandel gehören tunlichst drei Personen: Der Käufer, der Verkäufer und der Reitlehrer.*** Hauptperson bei dem Geschäft sollte — was dem Laien nicht sofort einleuchtet — der Reitlehrer des Käufers sein, denn er wird sich nach Abschluß des Handels mit seinem Schüler und dessen Neuerwerbung unter Umständen jahrelang beschäftigen müssen. Daß der Reitlehrer dafür beim Handel eine Art Schmerzensgeld, die Provision, kassiert, ist daher selbstverständlich. Er ist es nämlich, der es auszubaden hat, wenn sein Schüler mit dem Pferd, das ihm sein Lehrer empfohlen hat, nicht zurechtkommt.

Diese Tatsache erklärt auch die hohe Fluktuationsquote bei den Reitlehrern, denn haben sie erst der Hälfte ihrer Schüler ein neues Pferd vermittelt, wird die

Arbeit in diesem Reitstall für sie so stressig, daß sie sich nach einem neuen Stall — möglichst in einem anderen Teil Deutschlands oder in ernsteren Fällen auch im Ausland — umsehen.

Von guten und weniger guten Eigenschaften

Das Pferd ist von Natur aus gut! Und dementsprechend hat es auch nur gute Eigenschaften, es sei denn, der Mensch hat ihm schlechte anerzogen. Und damit sind wir schon beim springenden Punkt dieses Problems. Ich will nicht soweit gehen, der Reiterweisheit uneingeschränkt recht zu geben, die da behauptet: „Jeder Reiter*" hat das Pferd, das er verdient", denn manche Pferde wechseln ihren Besitzer so schnell, daß sie, rein zeitlich gesehen, gar nicht

* Hier noch eine grundsätzliche Anmerkung: Im weiteren Verlauf des Textes möchte ich mich aus rein praktischen Gründen auf den Gebrauch des Begriffs „Reiter" beschränken und nicht immer mit der Reiter/die Reiterin arbeiten, denn das stört meinen Gedankenfluß beträchtlich. Ich hoffe auf das Verständnis der Leserinnen dafür, daß ich die kürzere Form wähle. Selbstverständlich werde ich amazonenspezifische Probleme weiterhin entsprechend kennzeichnen. Vielen Dank, der Autor.

die Möglichkeit haben, alle Untugenden des Reiters anzunehmen und sich ihm anzugleichen, aber so ganz läßt sich dieser Spruch nicht von der Hand weisen.

Natürlich sind alle Pferde — wenn auch gut — so doch grundsätzlich verschieden. Da gibt es welche, die geistig sehr differenziert strukturiert, also nahezu intelligent sind und andere, die eher einfache Strukturen aufweisen. Unbestritten sind die letzteren die beliebtesten Reittiere, weil sie wenig übelnehmen und eventuell vorhandene schlechte Eigenschaften ihres Besitzers nicht so schnell kopieren können.

Vergleichsweise intelligente Pferde findet man allenfalls im Hoch- oder Höchstleistungssport. So wird ein Springreiter, dessen Pferd scheinbar mühelos zwei Meter überwindet, mit diesem Crack sehr viel mehr Geduld aufbringen und sogar eine gewisse Intelligenz in Kauf nehmen, solange er glaubt, dieses Springwunder in den Griff zu bekommen. Er wird Konzessionen machen, die er bei einem „normalen“ Pferd nie machen würde — die Folge: das überdurchschnittlich veranlagte Pferd erzieht sich seinen Reiter. Und da das Pferd keine schlechten Eigenschaften hat, kommt das indirekt wieder seinem Reiter zugute. Dazu folgendes Beispiel:

Springreiter Thomas Z. ist als Choleriker bekannt. „Funktioniert“ eins seiner Rösser nicht so, wie er meint, daß es funktionieren sollte, schreit er es an und greift auch mal zur Gerte. Eines Tages sieht er auf einem kleineren Turnier ein Pferd, das schon auf dem Abreiteplatz Riesensätze macht. Er wird sich mit dem Eigentümer handelseinig und nimmt das Pferd mit in seinen Stall. Die ersten Trainingseinheiten werden für beide, Pferd und Reiter, zur Qual. Thomas versucht, seinen Vierbeiner gleichsam mit

Gewalt über die Hindernisse zu scheuchen und der weigert sich standhaft, auch nur einen Strohhalm zu überspringen. Als Thomas nun eines Morgens gut ausgeschlafen, bestens gelaunt und unheimlich freundlich aufgelegt im Stall erscheint, seine Neuerwerbung mit ein paar Streicheleinheiten begrüßt und das Training in Zimmerlautstärke beginnt, erlebt er ein wahres Wunder. Sein Pferd springt lässig alles, was man ihm in den Weg stellt. Thomas macht nicht zuviel, spart nach der Arbeit nicht mit Lob und erscheint ganz aufgeräumt im Reiterstübchen.

Nun könnte man die Entwicklung mit verschiedenen Rückschlägen usw. noch seitenlang weitererzählen, doch machen wir's kurz: Thomas reitet inzwischen mit seinem Ausnahmepferd von Sieg zu Sieg, und kaum jemand kann sich vorstellen, daß dieser freundliche Mensch eines lauten Wortes fähig oder gar in der Lage wäre, ein Pferd zu schlagen. Und da Thomas Z. sein Verhalten nicht permament ändern mag, gibt es eine ganze Reihe von Menschen, die seinem Springpferd sehr dankbar sind. Man erzählt sich sogar, daß seine Freundin, die in absehbarer Zeit Frau Z. sein wird, ein Portrait des Pferdes in schwerem Mahagonirahmen über ihrem Bett angebracht hat.

Vom richtigen Umgang oder der erste Abend zu zweit

Unser edler Vierbeiner muß natürlich artgerecht gehalten und gepflegt werden. Aber auch darüber, was denn nun „artgerecht" ist oder nicht, gehen die Meinungen beträchtlich auseinander.

Selbstverständlich bleibt ein Pferd ein Tier, so sehr man sich auch an es gewöhnt hat. Andererseits aber besteht da doch eine sehr starke emotionale Bindung, denn schließlich verbringt man mit ihm die schönsten Stunden des Tages, nämlich die Freizeit und das partnerschaftlich — kann man denn einen Partner wie ein Tier behandeln ...? Und da beginnt das Dilemma. Natürlich würde sich ein Pferd auf Roßhaarmatratze und zwischen Daunendecken nicht so wohl fühlen wie in seiner Box, aber so ein bißchen verwöhnen möchte man es denn doch.

Leider scheidet auch die Einladung zum Abendessen in einem Drei-Sterne-

Restaurant aus, da sich das Pferd dort dem Problem gegenübersähe, daß es aus anatomischen Gründen nicht in der Lage ist, Messer und Gabel formvollendet zu gebrauchen, und wer möchte seinen Freizeitpartner in solch eine ungute Situation bringen? Da empfiehlt sich dann eher das artgerechte Mahl im eigenen Heim, wobei man sich überwinden sollte, auf die besonderen Eigenheiten seines Gastes einzugehen.

Hier nun ein paar Tips für solch einen geselligen Partnerschaftsabend:

Zunächst sollten Sie natürlich über die geeigneten

Räumlichkeiten verfügen, die nach Möglichkeit ebenerdig und vom Garten aus zu betreten sein müßten. Falls Sie jedoch in einer höher gelegenen Behausung leben und nicht einmal eine Rampe zu Ihren Gemächern führt, hilft nur der Wohnungstausch für eine Nacht mit einem Freund oder Bekannten, der eine entsprechende Wohnung sein eigen nennt oder zumindest gemietet hat. Hier noch ein Tip am Rande: Bitten Sie den Wohnungsinhaber, Ihnen die Räume für ein Rendezvous mit Ihrem neuen Freund, Ihrer neuen Freundin zu überlassen, ***sagen Sie um Himmels willen nicht, daß Sie dort Ihren Sportpartner bewirten möchten.*** Es ist heutzutage nun mal so, daß eine zünftige zwischenmenschliche Nebenbeziehung Ihr Ansehen beträchtlich steigert, während das herzlich platonische Verhältnis zu Ihrem Reitpferd, dem Sie mal etwas Besonderes bieten möchten, Sie in die Gefahr einer Einweisung in ein Haus für geistig Behinderte bringen kann.

Wenn Sie also das Problem der Räumlichkeiten gelöst haben, sollten Sie ein paar zweckmäßige Vorbereitungen treffen: Stühle und Tisch können Sie entbehren, denn Sie möchten sich ja mit Ihrem Gast auf eine Ebene begeben. Sofern Sie über einen auserlesenen Orientteppich verfügen, können Sie sich natürlich auch die Tischdecke sparen — bei einer minderen Qualität des Teppichs würde ich allerdings doch ein Damasttuch vorschlagen.

Auch wenn es Ihnen schwerfällt: Verzichten Sie für diesen Abend auf das lauschige Kaminfeuer und Candlelight — ***Pferde haben eine ausgesprochene Abneigung gegen offene Flammen.***

Sie sehen, die Vorbereitungen halten sich in Grenzen und sind in ein paar Minuten durchaus zufrieden-

Aus dem Wörterbuch für Reiter (5)

Funktionäre sind Menschen, die selten auf dem Pferd, meistens aber auf der Erde funktionieren. Wenn sie gerade nicht auf Dienstreise sind, stellen sie Spielregeln auf, die von den Aktiven eingehalten werden müssen.

stellend zu bewältigen. Was nun die Speisenfolge angeht, müssen Sie doch einige Konzessionen machen, aber auch dieses Problem läßt sich mit etwas gutem Willen durchaus lösen:

Als *Entree* schlage ich einen Obstgang vor — knackige Gravensteiner oder leicht unreife Cox Orange; mein Tip für den Verlauf des Diners: Bedienen Sie sich selbst reichlich, wenn Sie jetzt satt werden, haben Sie später keine allzu großen Schwierigkeiten. Als *Hauptgang:* Handgequetschten Hafer mit Löwenzahnsalat natur (den Salat nur gut waschen, keine sonstigen Gewürze oder Kräuter); bitte, achten Sie darauf, nur ganz junge Blättchen zu pflücken, und ein Zehn-Liter-Eimer sollte es schon sein, schließlich verfügt Ihr vierbeiniger Freund über ein stattliches Äußeres. Zum *Abschluß des Mahls* empfiehlt sich eine angemessene Portion frisches Heu, wobei die Betonung auf „frisch" liegt, zur Not kann es tiefgefrorenes Gras sein, das setzt allerdings voraus, daß Sie rechtzeitig den ersten Schnitt bester Qualität bei einem Ökobauern einkaufen und sich damit ein bis zwei Kühltruhen füllen konnten. Auch bei den Getränken ist Ihr Gast sicherlich genügsamer als Sie, ihm genügen etwa zehn Liter frischen Quellwassers, wenn Sie einen halben Liter für sich selbst rechnen, kommen Sie also mit 10½ Litern hin.

Ein etwas prekäres Problem, das hier aber auch angesprochen werden muß, ist die *Entsorgung*. ***Pferde sind gewohnt, ihre Notdurft dann und dort zu verrichten, wo sie sich gerade befinden.*** Sicherlich ließe sich eine gewisse Stubenreinheit wie bei Hund und Katze anerziehen, aber das wäre erstens nicht pferdegerecht und zum zweiten ein Vorgang, der sich über eine längere Zeit hinziehen würde. ***Für den ersten Abend rate ich Ihnen daher, Eimer und Schaufel bereitzustellen;*** vielleicht

gelingt es Ihnen ja, Ihren Partner wenigstens für weitere Einladungen auf den Garten hinzuweisen (unsere Toiletten sind leider in den seltensten Fällen pferdegerecht angelegt).

Falls Sie und Ihr Freizeitpartner diesen Abend unbeschadet überstanden haben (es gibt immer ein paar unvorhersehbare Zwischenfälle), Ihnen der Eigentümer der Wohnung nicht die Freundschaft aufgekündigt hat und sich Ihre Partnerschaft so gut gestaltet, daß Ihnen Ihr Pferd sogar das „Du“ angeboten hat, sollten Sie uns, den Verlag und den Autor, nicht vergessen: ein kleiner Hinweis bei Ihren Reiterkollegen darauf, woher Sie die guten Tips bezogen haben, würde meinen Verleger (pekuniär) und mich (ideell + und ein bißchen pekuniär) freuen.

Der Auserwählte.

Zwischenpferd-menschliche Beziehungen

Bisher haben wir uns nur mit der emotionalen Seite des Verhältnisses Mensch/ Pferd beschäftigt, wie sieht das aber aus der Sicht des Vierbeiners aus? Bei den Menschen ist es so, daß wir es im großen und ganzen mit drei Typen zu tun haben:

a) Denjenigen, denen Pferde völlig gleichgültig, um nicht zu sagen, wurscht sind,
b) denjenigen, die Pferde als edle Geschöpfe dieser Welt bewundern — und zwar so, wie sie normalerweise rumlaufen, nämlich ohne Sattel und irgendeinen Reiter obendrauf und
c) denjenigen, die grundsätzlich Pferde mögen und als tragende Freizeit-Partner entdeckt haben.

Die Typen a) und b) scheiden als Reiter aus, bleibt also c). Das sind natürlich Menschen, die zum Pferd und/oder Reitsport ein enges Verhältnis haben, ja, auf den Vierbeiner angewiesen sind, wenn sie ihrem Sport nachgehen wollen.

Bei den Pferden ist das nun ganz anders. ***86,43 % aller heute lebenden Pferde sind im Pferdesport beschäftigt*** (Kaltblüter und sonstige Spe-

Aus dem Wörterbuch für Reiter (6)

Galoppwechsel
Ist ein Wechsel vom Rechts- in den Linksgalopp. Hat mit der politischen Einstellung des Pferdes nichts zu tun, sondern lediglich mit der Art seiner Fortbewegung.

zialrassen werden von dieser Statistik nicht erfaßt) — und zwar unerheblich davon, ob sie mit Menschen was zu tun haben wollen, sie am liebsten ganz einfach nackt in der Natur bewundern oder mit ihnen die Freuden und Beschwerlichkeiten des Reitsports teilen möchten. Ein Pferd, dem der Mensch so zuwider ist, daß es sich nicht von ihm reiten läßt, spielt mit seinem Leben. Bringt es nämlich seine Leistung nicht, wird es zum reinen Kostenfaktor, es braucht Verpflegung und Unterkunft, Tierarzt und Hufschmied. Und wer könnte sich das ohne die geringste Gegenleistung schon leisten?

Gehen wir davon aus, daß es entsprechend der o. a. Menschentypen ähnliche Verhältnisse bei den Pferden gibt, dann machen etwa zwei Drittel (Typ a) und b)) ganz einfach gute Miene zum für sie bösen Reiterspiel, während nur der Typ c) mit Spaß und Eifer bei der Sache ist. Dieser Typ, der zumindest von der Motivation her gute bis sehr gute Voraussetzungen für den Sport mitbringt, landet erfahrungsgemäß in einem der zahlreichen Turnierställe, steht dem sogenannten Freizeitreiter nur in Ausnahmefällen zur Verfügung.

So gesehen, werden auf einmal die Probleme bei zwischenpferd-menschlichen Beziehungen erklärlich: Der Mensch, der den Reitsport für sich entdeckt und innerhalb kurzer Zeit nahezu süchtig nach den Minuten auf dem Pferderücken giert, sitzt im ungünstigsten Fall auf einem Tier, dem der Mensch da oben völlig egal, wenn nicht schlimmer ist. Wundert es Sie da, liebe Reitschülerin, lieber Reitschüler, daß Sie immer wieder Schwierigkeiten haben, Ihr Schulpferd auf dem Hufschlag zu- und davon abzuhalten, sich in die Mitte der Reitbahn zu bewegen und sich den Betrieb in Ruhe anzuschauen?

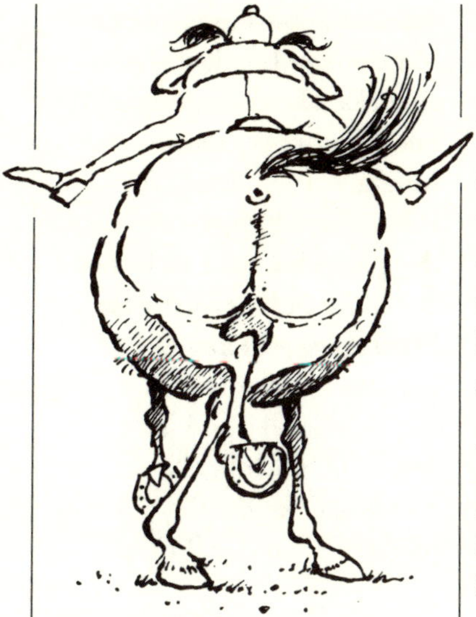

Falls Sie in der glücklichen Lage sind, sich ein eigenes Pferd leisten zu können, besitzen Sie einen entscheidenden Vorteil: ***Sie können versuchen, dieses Pferd für Menschen, insbesondere Sie, zu interessieren.*** Der Erfolg dieser Bemühungen hängt dabei weitgehend davon ab, ob Sie den richtigen Zugang zu Ihrem vierbeinigen Partner finden. Anfänger auf diesem Gebiet beginnen meist mit Bestechungsversuchen auf dem Nahrungsmittelsektor. So einfach strukturiert, daß sie nur auf Leckerbissen reinfallen, sind die wenigsten Pferde — im übrigen birgt diese Methode die Gefahr, den Sportpartner so zu überfüttern, daß seine Leibesfülle derart zunimmt, daß vom Reiter ein regelrechter Spagat verlangt wird, will er zum Ausritt starten.

Da reiten in der Regel diejenigen besser, die sich ihrem Pferd so gekonnt durch Streicheleinheiten, lange

Monologe und gezielte Leckerbissen aufdrängen, daß es an ihnen nicht mehr vorbeikann. Was passiert? Das Pferd möchte endlich seine Ruhe haben, will aber andererseits seinem Menschen nicht weh tun. Der Ausritt kann beginnen. Der Sportpartner wird willig mitmachen, denn je schneller er die Pflichtübung absolviert hat, desto früher ist er seinen Menschen wieder los. Und so kommt es dann zu scheinbar unerklärlichen Leistungen von Pferden, die zunächst als widerspenstig und bösartig verschrien waren.

Hier also mein Geheimtip: ***Schmusen Sie Ihr Pferd regelrecht um!*** Gehen Sie ihm um den Bart, lassen Sie nicht locker und wenn's sein muß, auch bei Nacht. Liebkosen Sie Ihr Pferd, bis es piaffierend an der Boxentür

auf Sie wartet und sich den Sattel schon selbst auflegt, sobald es Ihre Stimme vernimmt. Falls Sie das schaffen, werden Sie sich die Zuneigung Ihres Pferdes vor allem dadurch erhalten, daß Sie im Gelände nur das Nötigste mit ihm reden und auch nach der Rückkehr in den Stall schnellstens das Weite suchen. Mit anderen Worten: Haben Sie Ihrem Pferd erst einmal klargemacht, daß es wesentlich anstrengender ist, Ihre Zeichen der Zuneigung auszuhalten als einen dreistündigen, harten Geländeritt, dann haben Sie gewonnen und sollten fairerweise die Zuneigungsbezeugungen auf ein Minimum beschränken.

Von pferdlichen Lebensbedingungen

Auch die haben sich zwangsläufig sehr geändert. Konnte man das Pferd früher tatsächlich als Haustier bezeichnen, weil es mit Menschen, Kühen, Katzen, Hunden und diversen Kleintieren unter einem behäbigen Dach wohnte, so trifft dieser Begriff heute kaum noch zu, da man die edlen Vierbeiner längst in Pensionen einquartiert hat. Diese Herbergen unterscheiden sich von den früheren Unterkünften lediglich dadurch, daß ihre Ausstattung zwar nobler, nicht aber unbedingt gemütlicher oder zweckmäßiger ausfällt.

Wissenschaftler bezeichnen das Pferd gerne als „Fluchttier", also als eins, das vergleichsweise geringe Vertei-

digungsmöglichkeiten besitzt und daher Gefahren durch schnelles Rennen hinter sich bringt. Nun, so gesehen muß das Pferd ein miserables Fluchttier sein, weniger, was das Rennen als die Fähigkeit angeht, Gefahren zu erkennen. Wie sonst wäre es möglich, daß sich Hunderttausende von ihnen heutzutage unter Dächern und in unmittelbarer Nähe des Menschen wiederfinden? Oder sollte ihnen das Leben in der rauhen Wildnis zu beschwerlich geworden sein, und sie sind dem Menschen schutzsuchend sozusagen unter den Rock gekrochen?

Seitdem bewahrt der Mensch sie den größten Teil ihres Lebens in geschlossenen Räumen auf, entweder in sogenannten „Boxen", das sind die Einzelzimmer der Pferdepensionen, oder in Massenunterkünften, in denen sie zwischen zwei Flankierbäumen angebunden werden. Sehr einengend ist diese Lebensweise allemal, besonders für ein Tier, das es gewohnt war, sich auf weitläufigen Steppen zu bewegen.

Unseren europäischen Steppenersatz, die Weiden, bekommen Pferde nur noch selten zu sehen — am ehesten noch, wenn sie so krank sind, daß sie nicht geritten werden können, oder wenn ihr Mensch seinen Reiterurlaub ohne eigenes Pferd nimmt.

Die Spitzensport-Pferde haben es da noch schlechter: Die müssen meistens auch bei eigener Krankheit oder Urlaub ihres Reiters im Stall bleiben. Springpferde, weil sie gelernt haben, so lächerliche Hindernisse wie Weidezäune auch noch mit hohem Fieber zu überwinden, und Dressurpferde, weil denen eine trainingslose Zeit nicht gut täte, behaupten die Menschen (dabei haben sie lediglich Angst, daß ihr Pferd nach dem Urlaub noch längere Zeit davon träumen könnte, was der Konzentration bei der Arbeit hinderlich wäre — in diesem Fall schließen sie sicher von sich auf ihre Vierbeiner).

Soviel zur Unterbringung unserer Freizeitpartner. Zu den Lebensbedingungen gehört aber noch ganz wesent-

Aus dem Wörterbuch für Reiter (7)

Hilfen Ein völlig irreführender Ausdruck. Es handelt sich dabei nicht etwa um Hilfen des Reiters für das Pferd, sondern darum, wie der Reiter sich hilft, seinem Pferd mitzuteilen, was er von ihm will.

Hinterhand Hat mit Hand eigentlich nichts zu tun, sondern ist das hintere Drittel oder Viertel des Pferdes, also die Partie, an der der Schweif hängt.

lich die Verpflegung. Auch in diesem Punkt sind Pferde vergleichsweise genügsam, wie Sie ja bei der Schilderung der Abendeinladung schon andeutungsweise gesehen haben. Die drei täglichen Hauptmahlzeiten bestehen in der Regel aus Hafer. Ob der nun in Körnerform oder gequetscht angeboten wird, ist Geschmackssache — des Menschen, der in der Regel den Hafer aber nie probiert hat. Tierfreundlicher ist sicherlich der ganze Hafer, weil der nebenbei auch noch Spatzen und Mäuse miternährt, aber über Geschmack läßt sich trefflich streiten, zumal dann, wenn man im Grunde genommen nicht weiß, wovon man redet.

Nun gibt es Pferdefreunde, die sich die Ernährung ihres Sportpartners sehr viel Mühe und Geld kosten lassen. Sie setzen ihrem Crack unterschiedliche Sorten von Hafer vor und beobachten genau das Mienenspiel ihres Lieblings. ***Solch eine kulinarische Haferprobe (natürlich sollte dabei der Name des Fabrikats abgedeckt sein) erfordert viel Geduld und eine sehr genaue Kenntnis der physiognomischen Ausdrucksmöglichkeiten des jeweiligen Pferdes.***

Bei der Auswahl des Heus kann man es sich in der Regel etwas leichter machen, denn da gibt der Geburtsort des Pferdes einen gewissen Anhalt. Falls Sie glücklicher Besitzer eines Pferdes sind, das über Papiere, also den Abstammungsnachweis, verfügt, die zu ihm gehören, finden Sie den Geburtsort dort vermerkt. Wenn Sie allerdings an der Echtheit des Papiers oder Ihres Pferdes zweifeln, sind Sie auf Spekulationen angewiesen. Gehen wir einmal davon aus, daß Ihr Pferd in der Nähe fetter Marschweiden geboren wurde, dann sind Sie und Ihr Pferd mit Heu von eben solchen Weiden sicher gut beraten, während ein aus Bayern stammendes Pferd wahrscheinlich biologisch angebautes Alpenheu bevorzugen wird.

Übrigens, ***das Futter hat nur unbedeutenden Einfluß auf regional bedingte Leistungsmerkmale Ihres Vierbeiners.*** Sie brauchen also zum Beispiel keine Angst zu haben, daß Ihr Hannoveraner oder Holsteiner nach längerem Genuß bayerischen Hafers und Alpenheus Hindernisse nur mehr kletternd überwindet.

Nun noch ein Wort zur Weide. Viele Pferde der heutigen Generation kennen diese — in der Regel flachen — grünen, saftigen Dinger nur noch aus den Erzählungen ihrer Boxennachbarn oder — sofern sie über ein phänomenales Gedächtnis verfügen — aus Kindheitserinnerungen und den Schilderungen ihrer Mütter. Den Vater lernen sie ja genausowenig kennen wie eine Weide. Kommt es aber doch einmal dazu, daß ein ausgewachsenes Pferd Weideurlaub erhält, dann ist das nicht selten mit erheblichen Anfangsschwierigkeiten verbunden. Das gilt vor allem für die unterschiedlichen Umzäunungen. Zwar ist man heute von Stacheldraht-Einfriedungen weitgehend abgerückt, aber auch der richtige Abstand zu Elektrozäunen und ähnlichen pferdefreiheitsberaubenden Einrichtungen will eingehalten sein.

Außerdem müssen sich die Weidegänger natürlich wieder daran gewöhnen, daß sie eigentlich Herdentiere sind, was ihnen der Mensch offenbar so konsequent ausgeredet hat, daß sie auf einmal Schwierigkeiten haben, mit ihresgleichen umzugehen.

Hippologie
Gelehrt klingender Ausdruck für alles, was mit dem Pferdesport zusammenhängt.

SYLT

Wenn Pferde reisen

Das ist eine merkwürdige Angelegenheit: Früher waren Pferde diejenigen, die man vor seinen Wagen spannte, um überhaupt reisen zu können, heute steckt man sie in einen Anhänger, um ihnen komfortables Reisen zu ermöglichen. ***Früher mußten die Menschen reisefest, heute müssen es die Pferde sein.*** Was hätte wohl der gute Johann Wolfgang von Goethe darum gegeben, in unserer Zeit zu reisen ...?

Heute sind die Pferde-VIP's, also die Promis, das heißt Prominenten, Berühmtheiten aus der Sportszene, so angesehen, daß sie buchstäblich von den Hufen bis obenhin in Watte gepackt werden. Sie reisen in Spezialfahrzeugen und haben rund um die Uhr ein sie betreuendes Team um sich, das ihnen jeden Wunsch von Augen, Maul oder linker bzw. rechter Hinterbacke abliest — je nachdem, ob es sich um einen Links- oder Rechtsbäckler handelt.

Doch das war nur ein kurzer Ausflug in die Welt der Spitzenpferde und eigentlich auch nur gedacht, um den Unterschied zwischen leistungsbereitem Spitzensportler und traumweltverhaftetem Verskünstler aufzuzeigen, denn die reisen nach wie vor zweiter Klasse, und kein Mensch stößt sich dabei an den Gefahren für deren Schienbeine (Pferde- und Menschenköpfe werden eigentlich wenig geschützt).

Die Pferde von Hobbyreitern reisen deutlich

weniger komfortabel. Sie stehen meistens in einem Kasten, der an den Personenwagen des Menschen angehängt wird, und sind während der Fahrt ausschließlich damit beschäftigt, die Fahrfehler des Mannes oder der Frau am Steuer auszugleichen, also auf ihren vier Beinen stehenzubleiben.

In diesem Zusammenhang muß auf ein Problem hingewiesen werden, das beim Transport von Pferden einfach besteht und das man kennen sollte, aber Achtung, diese Zeilen sind ausschließlich für den Menschen bestimmt und sollten unter keinen Umständen einem Pferd in die Hufe fallen. Mein Vorschlag: Lesen Sie diesen Abschnitt genau, reißen Sie dann die Seiten entlang der Trennlinie heraus und vernichten Sie sie (am besten verbrennen). Tatsache ist nämlich, daß ein ganz normal gebautes Pferd in der Lage ist, rund 80 Prozent aller Pferdeanhänger kraft seiner Hufe auseinanderzunehmen und zwar ohne jedes Werkzeug.

Ich habe mit eigenen Augen (mit wessen sonst?) gesehen, wie zwei Pferde einen Doppelhänger mitten auf dem Kuhdamm in Berlin innerhalb von Sekunden zerkleinerten und das nur, weil ihnen die Rotphase an der Ampel offenbar zu lange dauerte. Da Pferde ja nicht dumm sind (Sie kennen wahrscheinlich die Erkenntnis des weisen Landmannes, der festgestellt hat, daß man das Denken besser den Pferden überlassen möge, da die den größeren Kopf hätten), sind sie durchaus in der Lage, eine einmal gemachte Erfahrung auszuwerten. So kam es denn auch, daß die beiden oben erwähnten Pferde nie wieder in einem Anhänger transportiert werden konnten. Entsprechende Versuche sind zwar gemacht worden, gingen aber sehr ins Geld (die Anhänger sind nicht ganz billig). Irgendwann haben dann auch die Men-

schen eingesehen, daß ihre Bemühungen erfolglos blieben — und so leben die beiden Rösser, die natürlich eine gewisse Berühmtheit erlangt haben, noch heute unweit des Kuhdamms — inzwischen allerdings mit der Aussicht, Westdeutschland auch zu Huf erreichen zu können.

Entwarnung: Bis hierher sollten Sie die Seiten heraustrennen, bevor Sie das Buch Ihrem Pferd zu lesen geben.

Im Krankheitsfall

Zugegeben, ein etwas bedrückendes Kapitel, aber es hat ja keinen Sinn, vor der Realität einfach die Augen zu verschließen. Natürlich kann auch ein Pferd mal krank werden. Am meisten sind von diesem Ungemach die Beine betroffen, was auf den ersten Blick verwunderlich erscheinen mag, aber doch ganz logisch ist, schließlich haben Pferde vier davon, also zwei mehr als der Mensch, und daher gibt es schon rein statistisch unter den Pferden die doppelte Anzahl von Fußkranken.

Die sprichwörtliche Pferdenatur ist unseren Vierbeinern vom Menschen über die Jahrhunderte hinweg offenbar gründlich abgewöhnt worden — es gibt unter ihnen ausgesprochene Sensibelchen, ja regelrechte Hypochonder. Ein international bekannter Hippologe hat mir allerdings mal im Vertrauen gesagt, weshalb er auch nicht namentlich genannt werden möchte, daß von Hypochondrie oder Sensibilität bei Pferden nicht die Rede sein könnte, es handele sich bei diesen Erscheinungen lediglich um eine besonders subtile Methode der Arbeitsverweigerung. Doch das sind Grenzfälle, um die wir uns hier nicht kümmern wollen und können. Uns geht es um das ganz normal kranke Pferd.

Die am häufigsten auftretende Krankheit gibt es nicht, und dennoch breitet sie sich in manchen Reitställen wie eine Epidemie aus. Der Verlauf ist — mit einigen Varianten — folgender:

a) Florian F. stellt nach der Reitstunde im Reiterstübchen fest: „Mein Dicker war heute so matt und lustlos, ich glaube, der brütet was aus." — „Das kann gut sein, bei meinem Wallach habe ich denselben Eindruck schon seit vorgestern", kommt Zustimmung vom anderen Ende des Tisches. „Das würde natürlich auch erklären, warum mein Schwanilie heut so schlecht drauf war", flötet Bettina S.

b) Der Tierarzt muß her. Der hört sich mit ernster Miene Symptome, Diagnosen und Behandlungsvorschläge an und schreitet zur gründlichen Untersuchung. Abhören, Puls, Blick in die Augen und das Maul (auf das bei Menschen obligate „Ahhh"-Sagen verzichten erfahrene Pferdedoktoren

— tut es doch einer, handelt es sich um einen Berufsanfänger — Sie sollten ihn wechseln). Dann erfolgt die Überprüfung des Bewegungsapparates. Wie oft Sie Ihr Pferd dabei an der Hand vortraben müssen, hängt nicht zuletzt von der Laune des Arztes ab, und die wiederum wird wesentlich davon beeinflußt, bei welcher Tätigkeit Ihr Notruf den Mediziner gestört hat. Dafür, daß Sie ihn beispielsweise morgens um zwei Uhr antraben lassen, dürfen Sie dann unter Umständen Ihr Pferd bis zum Umfallen vortraben — und Sie können sicher sein, das Umfallen wird Sie eher treffen als etwa Ihr Pferd oder den Arzt.

c) Die Diagnose: Je besser der Tierarzt, desto geschickter wird er seine Diagnose dem Vorschlag des Pferdebesitzers angleichen. In jedem Fall empfiehlt es sich, die Krankheit ernst zu nehmen. Tut der Mediziner das nicht, wird er lediglich so lange gegen einen anderen ausgetauscht, bis einer kommt, der die Diagnose stellt, die der Pferdebesitzer von ihm verlangt. Die Moral von der Geschicht': Der Pferdearzt muß viel von Menschen verstehen, wenn er sich dann noch in der Tiermedizin einigermaßen auskennt, ist das kein Hindernis.

d) Die Behandlung: Sie sollte dem Pferd nicht schaden und dennoch wichtig aussehen. Diese Voraussetzungen erfüllen vor allem Vitaminspritzen. Gerade Injektionen, die der Pferdebesitzer bei sich selbst nur im äußersten Notfall duldet, läßt er seinem Sportpartner nahezu mit Vergnügen verschreiben, ja, es soll Reiter geben, die versuchen, ihre eigene Grippe ihrem Pferd aufzuhängen, um sie an ihm behandeln zu lassen, in dem Irrglauben befangen, daß sie damit dann automatisch

Aus dem Wörterbuch für Reiter (8)

Longe Eine sieben bis zehn Meter lange Leine, die es dem Menschen erlaubt, im Mittelpunkt des Geschehens zu stehen und das Pferd in sicherem Abstand um sich herum laufen zu lassen.

auch geheilt würden. Doch kehren wir zu unserer Krankheit zurück, die es nicht gibt, es folgt die letzte Phase:

e) Die Heilung des Leidens:

Sie tritt spätestens mit der ersten saftigen Tierarztrechnung ein. Und da die Ehefrauen der Tiermediziner die Abrechnungen in der Regel nach Reitställen getrennt vornehmen, klingt die Epidemie denn auch genauso blitzartig ab, wie sie sich ausgebreitet hat. Florian F. wird im Reiterstübchen feststellen: „Mein Dicker hat's überwunden, der war so kernig wie immer" — „Mein Wallach ist auch auf dem Weg der Besserung, ein, zwei Tage wird er noch brauchen, aber dann hat er es überstanden" — kommt es vom anderen Ende des Tisches zurück, und auch Schwanilie ist nach Meinung seiner Besitzerin wieder ganz der Alte.

Falls diese Krankheit mal in Ihrem Stall auftritt, können Sie sich ihr anschließen oder nicht. Sie sollten allerdings einen guten, erfahrenen Tierarzt haben, andernfalls könnte Ihr Pferd doch Schaden nehmen.

Das Zubehör

Es widerstrebt mir immer, ein Pferd mit einem Auto zu vergleichen, beim Zubehör aber drängen sich die Parallelen förmlich auf. Wer ein Auto nackt kauft — von einigen meistens ausländischen Erzeugnissen mal abgesehen — und glaubt, damit nun tatsächlich auch losfahren zu können, irrt sich ebenso wie der neue Eigentümer eines Pferdes, der meint, er brauche sich nur noch draufzusetzen, und ab geht die Post. Beide Käufer hatten das Zubehör nicht auf ihrer Rechnung und damit einen ganz beachtlichen Posten vergessen.

Ein Pferd bietet eine ganze Menge Fläche, um was dranschnallen oder drauflegen zu können. Doch fangen wir beim Sattel an:

Der Sattel

Natürlich wird der Horseman behaupten, der Sattel diene allein dem Schutz des Pferderückens. Der Mensch habe nun mal zwei Knochen, auf denen er unter anderem sitzt, die der pferdlichen Wirbelsäule bei direktem Kontakt aber nahezu quälerisch zusetzen. Glauben Sie ihm kein Wort, der Sattel soll eben diese beiden Knochen und das ganze Drumherum möglichst schonend auf dem

Pferd Platz nehmen lassen. Natürlich sind immer wieder Versuche gestartet worden, Sättel mit Schwingungsdämpfern oder Stoßdämpfern zu versehen, aber die Erfahrung hat gezeigt, daß die unterschiedlichen Modelle zwar ganz nett funktionierten, solange sich der Reiter noch im Sattel befand, in brenzligen Situationen aber nicht selten das Gegenteil von dem bewirkten, was eigentlich beabsichtigt war. Bei einigen Konstruktionen traten katapultartige Nebenerscheinungen auf. Allerdings halte ich die Behauptung, daß zwei der Testpersonen nach einem gemeinsamen Ausritt am 31. 12. 1973 nicht mehr zur Erde zurückgekehrt seien, weil die beiden stoßgedämpften Sättel sie in eine Umlaufbahn katapultiert hätten, für stark übertrieben. Die wahre Ursache für das Verschwinden dürfte meiner Meinung nach eher in der Hauptgefahr des Reitsports liegen, zumal es sich bei den beiden Testreitern um Herrenreiter und Amazone gehandelt hat.

Auf die Details eines Sattels brauchen wir an dieser Stelle nicht weiter einzugehen. Ein kleiner Hinweis noch. Die beiden vom Sattel am Pferdeleib herunterbaumelnden Metallösen sind nicht etwa Griffe, sondern die sogenannten Steigbügel. Es handelt sich dabei um einen etwas sparsamen, aber dennoch durchdachten Trittleiter-Ersatz. Man hat diese Aufsitzhilfe auf eine einzige Stufe reduziert, um dem Reiter, falls es ihm gelingt, das Pferd zu erklimmen, das lästige Einziehen dieser Strickleiter (reitende Seeleute nennen sowas Fallreep) zu ersparen.

Die Zügel

Aus dem Wörterbuch für Reiter (9)

Napoleon Ein französischer Mensch, der seine Pferde zum Kriegführen mißbrauchte und noch dazu so miserabel ritt, daß er alle seine Pferde zu Paßgängern umfunktionieren ließ.

Dann folgt natürlich das Kopfzeug mit der Trense, die von nahezu allen Anfängern fälschlicherweise als so eine Art Sicherheitsriemen angesehen wird. Die Trensenzügel wirken über ein metallenes Marterinstrument, das „Gebiß", direkt auf das Pferdemaul. Jedes Anziehen der Zügel wirkt äußerst schmerzhaft auf den Untergebenen, was wiederum die Lebensnähe des Reitsports beweist. Reiter bleiben sehr lange Anfänger (manche ihr Leben lang), und daher müssen ihre Sportpartner diese Qualen auch sehr lange aushalten.

Nachdem wir nun wissen, was die Zügel nicht sind, drängt sich die Frage auf, wozu die Dinger überhaupt ans Pferd geschnallt werden. ***Nun, sie dienen der Übermittlung der Wunschvorstellungen des Reiters an sein Pferd.*** Will ein Reiter z. B. sein Pferd dazu bewegen, nach rechts zu gehen, traben oder galoppieren, zieht er gefühlvoll am rechten Zügel (in der Fachsprache heißt das, den „rechten Zügel leicht annehmen"). Bei einer Linkskurve bietet sich die entsprechende Maßnahme an. Nimmt er beide Zügel gleichzeitig an, so führt das je nach Intensität dieses Tuns zur Reduzierung des Tempos bis hin zum Stopp.

Das liest sich wesentlich leichter, als es durchzuführen ist, da das Arbeiten mit dem Zügel auf einem Pferd passiert, das sich unter dem Reiter bewegt, und der muß sich oft am Riemen reißen, damit er nicht am Riemen

reißt. Entscheidend kommt es auf die richtige Dosierung an. Äußerst geschickte Reiter wenden da frei nach O'Neill die Grundsätze der antiautoritären Erziehung an, indem sie das Pferd machen lassen und nach außen hin durch selbstbewußtes Reiten vorgeben, von ihrem Pferd genau das verlangt zu haben, was es gerade tut. Diese Methode hat — und das soll hier nicht verschwiegen werden — eine ganze Reihe von Gegnern, die von Kapitulation vor dem Tier sprechen. Man sollte aber auch den unerhörten Reiz bedenken, der darin besteht, einen wirklichen Ritt ins Blaue zu unternehmen. Und was kann bei dem ausgezeichneten Ortssinn eines Pferdes schon groß passieren? ***Es wird in jedem Fall — ob mit oder ohne den antiautoritären Reiter — wieder zum Stall zurückfinden.***

Schnick-Schnack

Und da wir gerade beim Zubehör sind: Natürlich gibt es einen ganzen Haufen überflüssigen, aber dafür teuren Schnick-Schnack. Aus den gerade geschilderten Gründen ist ein Kompaß für den Ausritt wirklich nicht erforderlich — solange es einem gelingt, auf oder beim Pferd zu bleiben. Es kennt den Weg.

Auch noch so edle Aufsteighilfen wie etwa die handgefertigte Mahagoni-Bibliotheksleiter aus dem Jahr 1876 sind bei echten Reitern verpönt. Ganz abgesehen von Horsemanship und so, Sie sollten sie schon deshalb zu Hause lassen, um nicht bei Besitzern schlichterer Ausführungen Neidgefühle zu wecken. Im übrigen erweist sich das Mitführen von Leitern beim Ausritt als recht hinderlich. Ich kann da nur auf das Beispiel Henry Z.s verweisen, der glaubte, die ideale Lösung gefunden zu haben, indem er sich eine fünfstufige, recht hübsche Stehleiter wie einen Rucksack auf den Rücken schnallte und dabei nicht bedachte, daß man seinen Kopf zwar durch Bücken unter tiefer hängenden Zweigen hindurchbekommt, die Leiter aber nicht. Als Henrys Pferd allein zum Stall zurückkam, machte sich ein Suchtrupp auf, benötigte aber zwei volle Tage, um den Reiter zu finden. Erfahrungsgemäß hatte man sich bei der Suche auf den Erdboden konzentriert und nicht damit gerechnet, Henry an einem stabilen Ast hängend aufzufinden.

Physisch hat Henry die Geschichte eigentlich ganz schnell weggesteckt, psychisch knabbert er noch heute dran,

was Sie sehr schnell feststellen werden, wenn Sie ihn einmal besuchen: Er hat aus seinem Zweifamilienhaus ein Einfamilienhaus machen lassen, indem er die Decken herausnehmen ließ und so in ca. fünf Meter hohen Räumen lebt. Das anfängliche Vorhaben, auch noch das Dach zu entfernen, hat er nach reiflicher Überlegung (vor allem im Hinblick auf die Witterungsverhältnisse in unseren Breiten) denn doch fallen lassen.

Und noch etwas zum Thema Zubehör: Sie können Ihre Wohnung mit goldenen Sporen schmücken, sich das nobel aufgemachte Pferdehaarshampoo gut sichtbar ins Bad stellen, den Hufkratzer bei Dunhill's in London bestellen — auf Ihre Reitkünste hat das alles keinen Einfluß, es sei denn, Ihnen genügen die Accessoires, und Sie beschließen eines Tages, die Ausstattung zum Selbstzweck zu erheben und keinen der edlen Vierbeiner weiterhin belasten zu wollen.

Die Kunst, ein Pferd zu besitzen

Hier ist nicht etwa die Eigentumsfrage gemeint, denn sie ist weniger ein Problem von Kunst als vielmehr des Geldbeutels — wobei in manchen Fällen vielleicht doch von Kunst geredet werden kann, wenn man sieht, mit welchen Mitteln sich manche Reiter die Mittel verschaffen, ein Pferd halten zu können.

Nein, wir wollen uns an dieser Stelle mit der Kunst beschäftigen, sich horsemanlike auf und mit einem Pferd durch die Reitbahn oder freie Natur zu bewegen.

Sie mögen einwenden, daß dieses Kapitel eigentlich an den Anfang des Buches gehört hätte, aber da muß ich doch zu bedenken geben, daß zur Reiterei im Gegensatz zu den meisten anderen Sportarten eine ganz bestimmte Geisteshaltung, um nicht zu sagen Ideologie, gehört. Ohne Kenntnis dieser Probleme hat es überhaupt keinen Sinn, sich mit dem Besitz eines Pferdes zu beschäftigen.

Nun, Sie haben dieses Buch offenbar bis hierher gelesen und damit nahezu alle theoretischen Voraussetzungen erworben, die für die Ausübung des Reitsports gefordert werden müssen (kleine Anmerkung des Autors am Rande: bitte, schreiben Sie keine Überweisung an uns aus, auch wenn Sie der Ansicht sind, viel zu wenig für die bisher gebotenen Ratschläge bezahlt zu haben, das wäre uns zum einen peinlich,

Aus dem Wörterbuch für Reiter (10)

Oxer 1. Völlig falsche Schreibweise für männlich gewesenes Rind. 2. Hindernis mit beachtlichen Ausmaßen, das Pferden einen Hoch-Weitsprung abnötigt, der wiederum vom Reiter klettenhaftes Sitzvermögen verlangt.

zum anderen hätten wir Schwierigkeiten, solche Sonderzahlungen zu verbuchen — danke).

Die meisten Sportarten kann man auch ohne einen Trainer mehr schlecht als recht, aber für den Hausgebrauch durchaus befriedigend, ausüben. Beim Reiten geht das nicht. Autodidakten erleiden in diesem Sport regelmäßig Schiff- oder schlimmeren Bruch. ***Trotz aller Mühe, die wir uns mit diesem Handbuch gegeben haben, müssen wir doch einräumen, daß Sie nach diesen Anleitungen — selbst nach intensivem Studium — nicht gleich ein Pferd besteigen sollten.*** Man kann nun mal mit Hilfe der Fachliteratur nur gewisse Kenntnisse im Kopf vermitteln, nicht aber im entgegengesetzten Körperteil des Menschen — und auf den kommt es beim Reiten ganz entscheidend an.

Natürlich versucht auch der Trainer, seine Reitschüler über den Kopf zu erreichen, wer kann schon die Kehrseite eines Menschen unterrichten ...? Er wird aber, sofern er gut ist, immer wieder zu schildern versuchen, wie sich die Übung, wenn sie richtig gemacht wird, anfühlt — und das kann Ihnen Geschriebenes beim besten Willen nicht vermitteln.

Die ersten Reitstunden

Nun ist es endlich so weit: Sie haben den passenden Reitstall gefunden, Ihre Bank hat Ihnen einen ordentlichen Überziehungskredit bewilligt, und die Kommandostärke des Reitlehrers läßt sich mit Ihrem Gehör vereinbaren. Der letzte Punkt ist ganz wesentlich, denn schon so mancher Reitschüler hat diesem Sport den Rücken gekehrt, weil sein empfindliches Gehör nicht bereit war,

die wenig zarten Anweisungen des Reitlehrers aufzunehmen.

Die ersten Reitstunden absolvieren Sie an der Longe, einer Leine, die das Pferd veranlaßt, sich um den Mittelpunkt eines Kreises zu bewegen, dessen Halbmesser die Länge eben dieser Longe ist. Im Zentrum steht der bewußte Reitlehrer/die Reitlehrerin.

Fazit der ersten Stunde: ***Der Schein trügt, denn es ist wesentlich einfacher, sich auf zwei eigenen als auf vier geliehenen Beinen zu bewegen.*** Sie begießen nun im Reiterstübchen sehr erleichtert die Tatsache, daß Sie in dieser Stunde nicht zu Boden gegangen sind (falls doch, sollten Sie den Reitlehrer wechseln, denn das ist ein Idealist, der Pferde liebt und sie dem besitzenden Anspruch der Menschen entziehen möchte). Nein, in den ersten Stunden fällt kein Reitschüler, das wäre tödlich für den Reitstall.

Woran der Reitschüler in der Regel — vor allem nach gut verlaufener erster Stunde — nicht denkt, sind die Nebenwirkungen. Anders als bei irgendwelchen Arzneimitteln gibt es in der Reiterei keine Beipackzettel, die auf die Gefahren dieses Sports hinweisen. Und dann kommt in der Tat das böse Erwachen: ***Am Tag nach der ersten Stunde erheben Sie sich aus dem Bett wie weiland John Wayne in seinen besten Tagen.*** Sie haben

das Gefühl, als könnten Sie einer ausgewachsenen Dampflock als Tunnel dienen, und Ihnen wird schlagartig klar, daß Cowboys sich so bewegen müssen, wie sie es in einem ordentlichen Western tun (wahrscheinlich hatten die meisten dieser Helden eben auch nur ein oder zwei Reitstunden).

Da hilft nur eins: den Muskelkater bekämpfen. Falls Sie zum Alkohol greifen, nehmen Sie Franzbranntwein (bitte nur äußerlich, also die malträtierten Muskelpartien einreiben, nicht kippen, das dürfte schwere gesundheitliche Probleme mit sich bringen).

Was müssen Sie noch nach der ersten Reitstunde bedenken? Zunächst und zuallererst, daß Sie damit noch kein Reiter sind. Es steht Ihnen noch nicht zu, sich zu irgendwelchen reiterlichen Themen zu äußern. Halten Sie Blickkontakt zu Ihrem Reitlehrer und sich aus allem

raus, was die praktischen Fragen Ihres neuen Sports betrifft. Naß- oder trockenforsche Äußerungen unterdrückt man bei diesem doch recht konservativen Sport tunlichst im Hinblick auf eine längere Zugehörigkeit zu dem betreffenden Reitstall.

Der Reitlehrer

Das ist ein besonders schwieriges Kapitel. Bei diesen Herren und Damen handelt es sich um Personen, die meistens gegen den Willen ihrer Eltern diesen Beruf ergriffen haben und ausüben.

Im Kapitel über den Sportpartner haben wir festgestellt: „Das Pferd hat immer recht", jetzt müssen wir das etwas modifizieren, denn in der Praxis sieht es so aus, daß der Reitlehrer immer recht hat. Er ist es nämlich, der es als einziger wagen darf, dem Pferd für irgendwelche Vorgänge die Schuld in die Hufe zu schieben. ***Der Reitlehrer ist — solange noch neu — der***

King in jedem Reitstall. Die Demutsbezeugungen geben sich oft, je länger er in einem Stall tätig ist und seinen Schülern Gelegenheit gibt, ihn als Mensch kennenzulernen. Dennoch ist richtig, daß er oder sie, was die zwischenmenschlichen Beziehungen anbelangt, mit äußerst aktiven Skilehrern vergleichbar ist — nur, die beschränken ihre diesbezüglichen Unternehmungen zwangsläufig auf die weiße Jahreszeit, während Reitlehrer das ganze Jahr über tätig sind.

Wie bereits oben angedeutet, besteht die Hauptaufgabe des Reitlehrers darin, seinen Schülerinnen und Schülern die heile Welt auf dem Pferderücken zu vermitteln, und das über das Hinterteil der Unterichteten (nein, so sollten Sie nicht denken!). ***Der Reitlehrer muß unbedingt versuchen, Schüler und Pferd zu einer Einheit zu verschweißen.*** Das mag in den meisten Fällen nicht gehen, weil da zwei Lebewesen auf- bzw. untereinanderhocken, die überhaupt nicht zueinander passen, der Versuch jedoch ist Geld wert, denn er muß vom Reitschüler bezahlt werden, und das nicht zu knapp.

Falls Sie Ihren Reitlehrer glücklich machen und ihn möglichst bald loswerden wollen, kaufen Sie mit ihm zusammen ein Pferd. Er streicht hocherfreut die Provision ein und wird sich nach einem anderen Stall umsehen, wenn ihm mehrere frische Pferdebesitzer mit Reklamationen auf den Wecker fallen.

Aus dem Wörterbuch für Reiter (11)

Pferd Vierbeiniges, in der Regel gutmütiges Wesen, das das Pech hat, diese Erde mit den Menschen bewohnen zu müssen, die es immer wieder vor ihren Karren spannen oder es sich auf ihrem Rücken bequem machen.

Dennoch sollte man auch die Qualen nicht unterschätzen, die dieser Beruf mit sich bringt. Das stundenlange Stehen in der nicht selten kalten und zugigen Reitbahn, der Zwang, seine Schüler immer wieder lautstark auf ihre Fehler hinweisen zu müssen (geschieht das zu leise, kapieren die Pferde nicht, was der Reitlehrer von ihnen will, und der Reitschüler kommt nie zu seinem Erfolgserlebnis), der Frust, nie jemanden loben zu dürfen, denn das würde von den anderen Schülern der Gruppe als unangemessene Bevorzugung eines einzelnen angesehen, und schließlich das Ausgeliefertsein an Menschen, die mit dem entsprechenden Geld Einzelreitstunden schon morgens um sechs verlangen (würden sie später aufstehen, hätten sie wahrscheinlich nicht das Geld, um den Privatreitlehrer bezahlen zu können).

Die Angst vorm Fliegen

Diese Angst ist unter Reiterinnen und Reitern weit verbreitet. Im Gegensatz zur Fliegerei mit Flugzeugen oder anderem Fluggerät betrifft die Angst aber weniger den Vorgang des Fliegens selbst, also das freie Schweben im Raum, als vielmehr die Landung. Hinzu kommt natürlich die Ungewißheit, wann und bei welcher Gele-

genheit der Flug beginnt, es mangelt also ein wenig an der Zeit, sich auf die Luftfahrt einzustellen.

In dieser Hinsicht sind die Reitlehrer gefordert, aber nicht selten auch überfordert. Dabei ließen sich in jeder Reithalle durchaus einige Standardsituationen simulieren. Hält man diese Kursabende dann in Zusammenarbeit mit dem Roten Kreuz ab, so kommen die Erste-Hilfe-Schüler (z. B. Führerscheinbewerber) auch gleich zu ein paar lebensnahen Übungen. Leider ist mir eine derartige Kooperation bisher noch nicht zu Ohren gekommen, ich stelle aber anheim, diese Anregung aufzugreifen.

Wenig Erfolg hatte Alexander L, ein passionierter Fallschirmspringer, der seine luftigen Erfahrungen einfach auf die Reiterei übertragen wollte und sich mit einem Spezialschirm auf sein Pferd schwang. Nach seinen Berechnungen sollte unmittelbar nach dem Abheben vom Pferderücken automatisch ein Triebwerk zünden, das ihn, den Reiter, in eine Höhe katapultierte, die ausreichte, um den Fallschirm wirksam öffnen zu können. Alexander

Pferdestärke Hat mit dem heutigen Reitsport allenfalls noch was zu tun, wenn sich Reiter darüber unterhalten, wieviel PS sie unter der Motorhaube ihres Autos haben.

vergaß leider, die Automatik abzuschalten, bevor er unter dem Vordach des Ausfluglokals zur Schwemme absitzen wollte. Das Dach wirkte derart bremsend auf seinen Flug, daß die Höhe, die er gewann, auch für den Spezialschirm nicht ausreichte. Nachdem man den ideenreichen Reiter ausgegraben hatte, verkündete der, von Stund an jedes Pferd mit seinem Gewicht verschonen und sich wieder ausschließlich dem Fallschirmspringen zuwenden zu wollen — „da weiß man wenigstens, wann und aus welcher Höhe man fällt", waren seine letzten Worte, bevor er die Reitstiefel für immer auszog.

Vom ersten Ausritt und den Sporen, die man sich verdient

Die Ausbildung eines Menschen zum Reiter vollzieht sich naturgemäß in verschiedenen Abschnitten. Herausragende Zäsuren sind vor allem: der erste Ausritt und die Verleihung der Sporen.

Dem ersten Ausritt fiebern sie alle entgegen, denen es gelungen ist, die Grundausbildung an der Longe und die sich daran anschließenden Reitstunden in der Bahn zu überstehen — die Geschichte mit den Sporen stellen wir hier noch ein wenig zurück. Nehmen wir einmal an, Sie haben sich an der Longe nicht ungeschickt angestellt (geben Sie aber ehrlicherweise im stillen Kämmerlein zu, daß Sie lediglich viel Glück bei der Auswahl der Schulpferde hatten — wegen Horsemanship und so ...), auch die Stunden in der Abteilung klappten recht gut, dann wird Ihnen der Reitlehrer irgendwann vorschlagen, doch einmal an einem Ausritt teilzunehmen. Sie werden rot ob der Tatsache, daß man Ihnen ein Pferd in freier Natur anvertrauen will (wie frei die noch ist, hängt weitgehend von der Industrie ab, die sich in der Nähe Ihres Reitstalls angesiedelt hat) und ob der Anerkennung Ihrer reiterlichen Qualitäten, die mit diesem Vorschlag zwangsläufig verbunden ist.

Mein Tip: Feiern Sie dieses prägende Ereignis in Ihrer reiterlichen Laufbahn gebührend, versuchen Sie einen Teil des Schwipses in den nächsten Tag und aufs Pferd hinüberzuretten, denn

Aus dem Wörterbuch für Reiter (12)

Raumgewinn
1. Ehrenpreis in Form einer Eigentumswohnung, kommt heute (noch) sehr selten vor.
2. Der Raum, die Strecke, die das Pferd aufgrund seiner Veranlagung in den einzelnen Gangarten gutmacht.

Sie werden dann die Geschichte wesentlich lockerer angehen können und sparen sich einen beträchtlichen Teil des Lampenfiebers, das bei solch einer Unternehmung durchaus üblich ist.

Übrigens, ich will Ihnen die Freude über Ihre reiterlichen Fortschritte wirklich nicht vermiesen, aber Sie sollten im eigenen Interesse nicht die Augen vor der Tatsache verschließen, daß der Ausritt aus Sicht des Reitlehrers und seines Arbeitgebers seine angenehmen Seiten hat: Ausritte bringen mehr ein und im Normalfall weniger Arbeit für den Begleiter. Ein praktischer Hinweis: Vermeiden Sie nach Möglichkeit, die Tête einzunehmen, also an der Spitze reiten zu müssen, vor allem dann, wenn der Reitlehrer erst kurz im Stall ist und Sie die Gegend auch noch nicht genau kennen — ***man reitet seltener auf gut ausgeschilderten Autobahnen.*** Bei einem Ausritt sollte der Reiter an der Spitze die Gegend einigermaßen erwandert oder erritten haben, das vermeidet das Eingreifen von Suchtrupps und die deutliche Verlängerung der Reitzeiten, die wiederum ins Geld gehen.
Vor einem Trugschluß muß hier gewarnt werden: Bei kaum einem Reitschüler wird sich bei seinen ersten Ausritten das so oft gepriesene Gefühl der Einheit mit der Natur einstellen. Das liegt eigentlich weniger daran, daß es mit Natur bei uns nicht mehr so weit her ist, als vielmehr daran, daß das Tier unter einem die ganze Aufmerksamkeit fordert. So kann zum Beispiel schon der beglückende Ausruf: „Guckt mal, die Rehe da vorne", der ja nur die Freude an diesem Naturerlebnis wiedergibt, eine ganze Abteilung durcheinanderbringen.

In diesem Zusammenhang muß ich auch auf das mehr als gestörte Verhältnis zwischen Jagdberechtigten und

Reitern eingehen. Die ersteren sähen ihre Reviere lieber ohne die letzteren, weil die Weidmänner und -frauen der Ansicht sind, die Natur für sich allein gepachtet zu haben. Schließlich ist für den Jagdberechtigten alles, was man nicht über den Haufen schießen darf, „nichtjagbares Wild" und hat in seiner Natur nichts zu suchen. Unsere Gesetze und auch die Rechtsprechung haben sich gegen die Lobby der Weidmänner durchgesetzt und das Pferd zum nichtjagbaren Wild erklärt. Daher kommen auch bei großangelegten Jagdveranstaltungen deutlich weniger Pferde um als Treiber, die offenbar einen Zwischenstatus „genießen", denn Jagdunfälle, bei denen Treiber auf der Strecke blieben, werden meistens lautlos, großzügig und außergerichtlich geregelt.

Der Reiter ist aber kein Treiber und daher mitsamt seinem Pferd vor Nimroden gesetzlich geschützt. Es ist auch ein Gerücht, daß Jagdberechtigte Plastiktüten in ihren Revieren auslegen, um so Reiter zu Fall zu bringen — man kann davon ausgehen, daß der Weidmann den Kunststoff ebenso verachtet wie der Reiter und es nicht übers Herz brächte, damit seinen Wald zu verschandeln. Diese Tüten, die den Reitern so zu schaffen machen und zu mehr Stürzen führen als ein Olympischer Parcours, werden eher — so jedenfalls die Aussage von Berittenen und Nimroden — von gedankenlosen Spaziergängern weggeworfen, weshalb Reiter und Jagdberechtigte immerhin einen gemeinsamen Feind haben: den rücksichtslosen, naturverachtenden Wanderer, der es sich nicht leisten kann, in einem anständigen Drei-Sterne-Rasthof sein Mahl einzunehmen und stattdessen belegte Brote in Plastik mit sich herum- und in den Wald schleppt. Auf den Gedanken, daß der Unrat auch von der schlecht abgesicherten Müllkippe nebenan stammen könnte, ist bisher noch niemand gekommen.

Doch zurück zu unseren Ausritten: Bei den ersten handelt es sich in der Regel um sogenannte „geführte" Ritte, die also unter Aufsicht des Reitlehrers oder einer mehr oder minder zuverlässigen Person aus dem Reitstall unternommen werden. Haben Sie die gut überstanden, wird man Ihnen auch hin und wieder ein Pferd für einen privaten Ausritt anvertrauen. Je

nach Zusammensetzung der Gruppe gibt das dann meistens ein todernst sportliches „Vergnügen“, bei dem die Beteiligten mit aller Gewalt ihre reiterlichen Fähigkeiten unter Beweis stellen wollen oder eine noch feuchter als fröhliche Angelegenheit, bei der das Pferd dazu dient, den Obensitzenden auf kürzestem Weg zu verschiedenen „Schwemmen“ und anschließend zuverlässig nach Hause zu bringen.

Übrigens, falls Sie den Begriff Ausritt mit der Szene verbinden, daß zwei Liebende durch die Felder und die Auen galoppieren, sie ihm davonstürmt, um sich einholen zu lassen, und beide in inniger Umarmung von ihren Pferden sinken, die sich diskret abwenden und treu warten, bis Frauchen und Herrchen wieder nach Hause wollen, und wenn das die Motivation für Ihre Reiterei ist, dann sollten Sie die Finger

davon lassen. Das sind Illusionen, die nach wie vor Heimatfilmen vorbehalten bleiben. Erstens gibt es hierzulande nur noch sehr wenige geeignete Felder und Auen, und die paar sind dann von all den Reiterinnen und Reitern überfüllt, die sich die geschilderten Illusionen auch noch machen, was wiederum dazu führt, daß es nichts mit freiem Galopp und lauschiger Zweisamkeit ist. Zweitens wird es immer schwieriger, zwei Menschen unterschiedlichen Geschlechts in einem Reitstall zu finden, die bereit sind, das liebliche Treiben durch ein solch atemberaubendes Vorspiel einzuleiten. Drittens ist das heutige Reitpferd so aufgeklärt, daß es weder diskret wegschaut noch wie angewachsen wartet, bis die Herr/Damschaft geruht, wieder auf ihm Platz zu nehmen. Es wird sich abwenden und den Reitstall aufsuchen. Tauchen dann die beiden Pferde einträchtig ungeritten wieder im Stall auf, gibt das natürlich zu Spekulationen Anlaß, die allerdings der realistischen Grundlage nicht entbehren.

Von Schul- und Privatpferden

Bei den Vierbeinern im Reitstall handelt es sich um eine Zweiklassengesellschaft. Zum einen gibt es da die „Malocher", die Schulpferde, die meistens Eigentum des Stallunternehmers sind, und dann die Privatpferde, die ihrem Reiter bzw. seiner Familie gehören und das im wahrsten Sinn des Wortes unbeschwertere Leben führen. ***Schulpferde sollten sich durch ihre Duldsamkeit, ihr im übertragenen Sinn dickes Fell und die Fähigkeit auszeichnen, den Reitlehrer aufs Wort zu verstehen, sie sind also sozusagen zweisprachig erzogen worden.*** Mit ihrer Hilfe wird der Mensch zum Reiter und giert nach einer gewissen Zeit nach einem eigenen, dem Privatpferd.

Falls es unter den Pferden solche mit philosophischen Begabungen gibt, sind das bestimmt Schulpferde, denn die Fähigkeit zum abstrakten Denken zwingt sie geradezu in diese Rolle. Nehmen wir als Beispiel Kathie. Eine ausgesprochen gewöhnliche Fuchsstute, so rappelmager, daß man aus zehn Metern einen Hut nach ihr hätte werfen können und der wäre hängen geblieben, aber mit philosophischen Talenten bedacht!

Kathie hatte sehr schnell eingesehen, daß sie dem Menschen in mancher Hinsicht unterlegen war — was sie in anderer Hinsicht ihm wiederum überlegen machte. Einen Reiter, den sie nicht mochte, konnte sie lediglich durch Passivität zur Verzweiflung treiben. Sie stellte sich einfach stur und weigerte sich, seine Hilfen anzunehmen, das heißt die Übungen auszufüh-

Reiten Früher die normale Fortbewegungsart des Individualreisenden, heute sportliche Freizeitbeschäftigung für Menschen. Für das Pferd nicht selten harte Arbeitszeitbeschäftigung.

ren, die er von ihr verlangte. Der Reiter begann innerhalb kürzester Zeit, ernsthaft seine reiterlichen Fähigkeiten in Frage zu stellen, saß noch vor dem Ende der Reitstunde ab und brachte Kathie in ihre Boxe zurück. Konnte Kathie jemanden hingegen gut leiden — und das waren vor allem Kinder —, dann brauchten sich die Obensitzenden die Übungen lediglich zu wünschen, und schon führte unsere Fuchsstute sie aus, wie es ein gelerntes Dressurpferd kaum hätte besser machen können. Dann gab es noch diejenigen, die Kathie zwar nicht leiden konnte, die ihr aber die Befehle so selbstbewußt vermittelten, daß sie sofort wußte, hier war es besser, sich nicht erst auf einen Kampf einzulassen. Zu ihnen gehörte zum Beispiel der Reitlehrer.

Innerhalb ganz kurzer Zeit hatte Kathie sich ihre Kundschaft ausgesucht. Sie war das Lieblingspferd aller Kinder bis 40 Kilogramm Gewicht, was ihr eine Menge Streicheleinheiten und einen vergleichsweise leichten Job einbrachte. Der Reitlehrer schätzte Kathie wegen ihrer Sturheit. Hatte er einen Schüler, der reif für ein Privatpferd war, aber noch nicht so recht wollte, dann bekam er in der nächsten Reitstunde Kathie zugeteilt. Die begann ihr Spielchen und entnervte ihren momentanen Besitzer, bis dieser absaß und wenig horsemanlike etwas von „Schindmähre" murmelte. Auf diesen Moment hatte der Reitlehrer nur gewartet, denn er bot nun dem Enttäuschten als vorübergehenden Ersatz das Pferd an, das er für ihn vorgesehen hatte. Prompt stellten sich Erfolgserlebnisse wieder ein, und die Feststellung „So ein Pferd, das nicht dauernd im Schulbetrieb von allen möglichen Leuten geritten wird, ist doch was ganz anderes", besiegelte den Kauf. So verhalf Kathie im Laufe ihres langen Arbeitslebens einer gan-

zen Reihe von Leuten, die sie nicht sonderlich schätzte, zu eigenen Pferden — und brauchte sich selbst mit ihnen nicht mehr abzugeben.

Sie werden gemerkt haben, daß ich eine gewisse Sympathie für Kathie und ihresgleichen nicht verhehlen kann. Tatsächlich sind mir die meisten Schulpferde lieber als die verhätschelten Privatrösser.

Der Reitlehrer allerdings zieht die Privatpferde vor, denn erstens verdient er sich beim Pferdehandel in der Regel eine ordentliche Provision, und zum zweiten bekommt er sie immer wieder für einige Wochen „in Arbeit", das heißt, er muß ihnen die Untugenden abgewöhnen, die ihm seine Eigentümer angewöhnt haben, damit die dann wieder was haben, was sie den Pferden wieder angewöhnen können, dann tritt wieder der Reitlehrer in Aktion usw. …

Rückwärtsrichten Ist eine Übung, bei der der Reiter das Pferd aus dem Vorwärtsgang ohne zu stocken in den Rückwärtsgang schaltet. Mit seinem Auto würde er das nie versuchen …

Turnierambitionen

Die meisten Menschen, die einen Sport ausüben, möchten früher oder später wissen, „wo sie denn leistungsmäßig stehen", sie wollen ihre Fähigkeiten mit denen anderer Sportler messen. Bei der Reiterei fängt das mit kleinen Geschicklichkeitsübungen an, aus denen sich Mini-Turniere, schließlich eine Vereinsmeisterschaft und dann der Start bei einem regional veranstalteten Turnier entwickeln.

Die Pferde, die dabei die tragenden Rollen spielen, werden wieder mal nicht danach gefragt, ob sie mitmachen wollen oder nicht. Ihr Mensch klemmt sich auf sie, drückt sich noch einmal die Sturzkappe fest und gibt Gas. Gewinnen tut immer derjenige Mensch, dessen Pferd der Geschichte den meisten Spaß abgewinnen kann, und da das oft die gleichen Pferde sind, gewinnen auch fast immer dieselben Reiter. Tatsächlich geben also Reitturniere nicht den geringsten Aufschluß über die sportlichen Fähigkeiten der Zweibeiner, sondern allenfalls darüber, wie die teilnehmenden Vierbeiner über den Sport denken.

Der weise Reiter wird also vor dem ersten Turnierstart herauszufinden versuchen, ob sein Pferd an solchen Übungen Spaß findet oder sie nur mehr oder weniger gezwungenermaßen mitmacht. Im letzteren Fall verzichtet er auf die Teilnahme und erspart sich eine Enttäuschung und seinem Vierbeiner einen anstrengenden Nachmittag. Nun sind die Weisen im

Pferdesport ebenso dünn gesät wie in allen anderen menschlichen Lebensbereichen, was daran zu sehen ist, daß die Teilnehmerzahlen bei Reitturnieren ständig steigen, während der Prozentsatz der Pferde, die bei derartigen Unternehmungen begeistert mitmachen, konstant bleibt.

Ohne Verein geht nichts

Der Mensch — angeblich vor allem der deutsche — neigt dazu, sich entsprechend seiner Interessengebiete zusammenzurotten. Finden sich mindestens sieben (so will es das Bürgerliche Gesetzbuch) Gleichgesinnte, gründen sie einen Verein. Das Verfahren und die Entwicklung dieser Vereine gleichen sich ungemein — und zwar unabhängig von der jeweiligen Sportart. Das läuft dann in der Regel folgendermaßen ab:

a) Die Sieben erklären bei einem sogenannten geselligen Beisammensein, um nichts in der Welt einen Verein gründen zu wollen, denn diese Vereinsmeierei, diese Pflichtübungen, dieses gewollte Fröhlichsein und, und, und. ,,Allerdings", gibt dann einer zu bedenken, ,,verzichten wir damit auf öffentliche Mittel. Wir haben keine Reithalle und können daher unseren Sport nur im Sommer ausüben, solch eine Halle wäre also nicht schlecht, und allein können wir sie nicht finanzieren." ,,Kommt natürlich hinzu, daß unsere Kinder und Jugendlichen auf keinem ordentlichen Turnier starten dürfen", ergänzt der nächste. Der dritte meint nun:

„Wir haben zwar gerade gesagt, daß wir keinen Verein wollen, aber warum sollten wir unter diesen Umständen nicht einen Verein gründen und uns dennoch wie vernünftige Individualisten benehmen?“ Die anderen Vier nicken beipflichtend. Das Ergebnis dieses Beisammenseins: Sieben Reiter beschließen, einen Verein zu gründen, weil sie um Himmels Willen keinen Verein, aber die Vorteile eines solchen wollen.

b) Nun muß also ein richtiger Verein her, damit die Mittel fließen und die Kinder und Jugendlichen auf Turnieren starten können. Satzung, Mitgliederversammlung, Kassierer, Kassenprüfer, Eintragung beim Gericht, Wahlen, Haus- und Stallordnung usw. sind weitgehend gesetzlich vorgeschrieben und machen aus den Vereinsfeinden schon bald nahezu hauptamtliche Clubfunktionäre, die alles im Griff haben und auch bald zum Gründungsball einladen, zu Fasching ein Kostümreiten organisieren, Mahnungen an säumige Vereinsmitgliedsbeitragszahler versenden, Aufnahmegebühren ausknobeln und die Mittel für die Halle beantragen.

c) Die Halle wird gebaut, fällt allerdings deutlich teurer aus als veranschlagt, und die Mitglieder müssen nachschießen, die Kinder und Jugendlichen haben keine Lust, regelmäßig am Training teilzunehmen, schließlich gibt es außer Pferden auch noch Computer, der Vorsitzende und die Kassenprüfer werden abgewählt.

d) Ergebnis eines gemütlichen Beisammenseins von sieben vereinsfeindlichen Reitern: zwei kleinere Betriebe gehen in Konkurs, zwölf Beleidigungsklagen, vier anhängige Verfahren bei Zivilgerichten, drei Anklagen wegen Körperverletzung, vier gescheiterte Ehen, Reithalle, Stallungen und zwölf Schulpferde, auf denen bis zur Versteigerung der Kuckuck klebt. Den

Zuschlag erhalten sieben Menschen, die herausgefunden haben, daß sie gerne Tennis spielen, dazu im Winter eine Halle benötigen, aber einen Verein nur gründen wollen, um öffentliche Mittel für die Anschaffung einer Tennishalle bekommen zu können und damit ihre Kinder und Jugendlichen bei Tennisturnieren starten dürfen ...

Nehmen wir einmal an, wir befinden uns zwischen den Schritten b) und d), der Verein funktioniert also noch, und damit ist eine wesentliche Voraussetzung für Turnierstarts gegeben. Gehen wir weiter davon aus, daß es sich bei den Mitgliedern um ganz normale Reiter handelt, die sich nicht auf ein bestimmtes reiterliches Gebiet festgelegt haben, dann kommen für sie drei Disziplinen in Frage:

Der Dressursport, bei dem es darauf ankommt, mit dem Pferd bestimmte Übungen zu absolvieren und nach außen den Eindruck zu vermitteln, daß das Pferd keinen Schritt tut, den der Obensitzende aus ihm „herausreitet".

Der Springsport, der darauf abzielt, daß Reiter und Pferd eine vorgegebene Anzahl von bunten Hindernissen fehlerfrei überwinden.

Der Vielseitigkeitssport, der die beiden vorstehenden Disziplinen verlangt und außerdem noch einen Geländeritt.

Dressurakte

Dressur bedeutet eigentlich nichts anderes als Kommunikation zwischen Mensch und Tier mit dem Ziel, das Tier zu veranlassen, das zu tun, was der Mensch will — der gleiche Vorgang zwischen Menschen heißt Erziehung. Wenn ich einem Tier klarmachen kann, was ich von ihm will, wird es das in der Regel auch tun — selbst wenn es stärker ist als der Zweibeiner, denn Tiere sind in der Regel deutlich friedliebender als unsere Rasse.

Natürlich sind Sie nun entsetzt, daß ich es wage, Dressur und Erziehung zu vergleichen, denn schließlich haben Sie Ihre Kinder erzogen und nicht dressiert — oder vielleicht doch ein bißchen? Könnten wir uns (so im stillen) vielleicht auf dressogen einigen?

Wissen Sie, ich habe selbst eine Tochter, die beileibe nicht immer das macht, was ich gerne möchte, daß sie macht, und natürlich würde ich mich mit Händen und Füßen dagegen wehren, wollte man mir unterstellen, ich dressiere mein Kind, damit es das tut, was ich

gerne möchte, daß es tut ... Sie sehen, ich tu mich schwer mit dem Tun meiner Tochter.

Doch lassen wir die Feinheiten einfach mal beiseite, geben wir uns lebensnah und konzentrieren wir uns auf die Dressurreiterei. Die Geschichte ist wie bei den Kindern: Man sagt einfach „nein", wenn der/die Kleine was macht, was man nicht will, daß er/sie das macht. Nächste Stufe: doppeltes Nein — entweder in der Wiederholung des ersten Nein oder mit doppelter Lautstärke. Bei Pferden ist das im Prinzip nicht anders — gefühlsmäßig würde ich allerdings sagen, daß man bei Kindern eher zu Wiederholungen neigt, während Pferde den höheren Dezibel-Wert auszuhalten haben — im Ergebnis nehmen sich beide Methoden nicht viel: Es geht alles seinen Kinder- oder Pferde-geregelten Gang weiter.

Und nun sind Sie an dem Punkt angelangt, der Ihnen wieder mal zwei Möglichkeiten offen läßt:

a) Sie forcieren das zweite Nein durch ein drittes (durch Wiederholung oder deutliches Anheben der Stimme) oder
b) Sie geben es auf, Ihr Kind/Pferd zu erziehen und spielen den passiven Part, das heißt, Sie warten ab, wie weit es das Kind/Pferd treiben wird.

Falls Sie b) wählen und dabei sind, Ihr Pferd auszubilden, nicht Ihr Kind, sind Sie bereits ganz nah an einem Olympiasieg im Dressurreiten, denn Sie besitzen überdurchschnittliches Talent, sich den Wünschen Ihres Pferdes anzupassen. Wie Sie zu weiteren Erfolgen kommen? Nun, ich bin nicht Ihr Trainer, empfehle aber:

1. Lassen Sie Ihr Kind in guter, langmütiger Obhut zu Hause,
2. beratschlagen Sie mit Ihrem Pferd, wie weit es zu gehen bereit ist,
3. geben Sie Freunde und Bekannte auf,
4. lassen Sie Ihren Bausparer ruhen — das Geld brauchen Sie für die Trainerstunden,
5. fragen Sie den Stallbesitzer, ob er nicht ein Plätzchen auf dem Heuboden für Sie frei hat, so können Sie

gleichzeitig die Miete Ihrer Penthousewohnung in zusätzliche Trainerstunden investieren und sind immer nah bei Ihrem Sportpartner,

6. lassen Sie niemals durchblicken, daß Sie gerne Dressur reiten möchten, das erspart Ihnen endlose Diskussionen darüber, ob Ihr Pferd denn überhaupt das geeignete „Material" für diesen Sport ist (in Reiterkreisen ist das die elegante Art, einem klarzumachen, daß man eine reiterliche Niete ist).

Dressurreiter sind eine ganz besondere Sorte Mensch. Solange sie sich noch ausbilden oder lassen, glauben sie ihrem Pferd beizubringen, wie es sich zu bewegen hat — wenn sie dann weiter und abgeklärter sind, freuen sie sich über jede Bewegung ihres Vierbeiners, die in ihr Konzept paßt, denn gerade diese Bewegungen sind es, die in ihrer Ungezwungenheit Punkte bringen. Mit anderen Worten: Das Pferd denkt, der Reiter lenkt — wie das Pferd denkt oder: Je geschickter Reiter oder Amazone die Bewegung des Pferdes als ihre eigene Leistung darstellen, desto besser die Übung. Zusammenfassung: Dressur ist, wenn der Reiter versucht, die Bewegungen seines Pferdes als eigene Leistung zu verkaufen. Je cleverer das Pferd, desto höher die Gewinnchancen und um so kleiner der Anteil des Obensitzenden.

Reiten über Hindernisse

Da hat mal ein bekannter Tierfreund behauptet, keinem Pferd fiele es ein, freiwillig über ein Hindernis zu springen, selbst wenn er mit Leckerbissen auf der anderen Seite stünde — das war keine Sternstunde dieses Fernseh- und Buchautors. Mir fiele selbst für ein Kaviarbrötchen nicht ein, einen Salto zu wagen — warum sollte ein Pferd für ein Stück Zucker oder eine Extra-Ration Hafer über dusselige Hindernisse hüpfen?

Doch lassen wir die Grundsatzdiskussion und wenden wir uns den

Springreitern zu. Ihre sportliche Aufgabe besteht darin, ihrem Pferd klarzumachen, welches Hindernis es überwinden soll, ja, und dann müssen sie noch irgendwie im Sattel bleiben, denn das Absitzen zwischen den Sprüngen kostet mindestens acht Fehlerpunkte und wird nicht gern gesehen. Mit der Reihenfolge der Sprünge ist das so ein Problem. Gerade in den leichteren Springen, also denen der

unteren Leistungsstufen, kommt es immer wieder vor, daß der Parcours nicht in der richtigen Reihenfolge absolviert wird, weil dem Reiter das alles entweder zu schnell geht, weil er kurzsichtig ist, oder ganz einfach vergessen hat, wo's langgeht. Das ist der Moment, wo sich mir der Eindruck aufdrängt, daß ein wirklich gutes Springpferd, also eins, das an Championaten oder gar Olympischen Spielen teilnimmt, mindestens die Zahlen von eins bis etwa dreißig beherrschen muß (die Sprünge sind nämlich in der korrekten Reihenfolge mit aufsteigenden Zahlen gekennzeichnet — Kombinationen zusätzlich mit den kleinen Buchstaben a), b) und c)). Falls es Ihnen gelingt, solch ein Superpferd zu erwerben, brauchen Sie also nur noch oben zu bleiben.

In mehr oder weniger regelmäßigen Abständen tauchen immer wieder Berichte über tierquälerische Methoden auf, mit denen angeblich Pferden auf die Sprünge geholfen wurde. Meistens entpuppen sich diese Berichte als Enten, denn ***ein Springpferd hat so eine Art Lebensversicherung durch seinen Wert.*** Hinzu kommt noch die Möglichkeit, daß der brave Vierbeiner bei solchen Quälereien einfach nicht mehr mitspielt, sich lahm stellt oder ganz einfach die Arbeit verweigert. Wie will das Menschlein denn dann sein Pferd über die Hindernisse bringen? Tragen ...?

Immerhin muß ein Springreiter über ein bestimmtes Quantum an Mut verfügen. Die Geschichte mit dem oben bleiben ist nämlich nicht ganz einfach, zumal es Pferde gibt, die sich über einen nett und einfallsreich gebauten Parcours so freuen, daß sie regelrecht ausflippen und auf Gedanken kommen, die der Reiter nicht vordenken kann und die ihn daher manchmal peinlich überraschen. Das ist

Aus dem Wörterbuch für Reiter (13)

Sattel Mit Leder bespannter Sitz, der dem Pferd auf den Rücken geschnallt wird. Dient in erster Linie dem Schutz der Kehrseite des Reiters.

um so schlimmer, als es sich bei Pferden um Wesen handelt, die nicht selten ganz spontan reagieren. Folgender Fall ist durchaus nicht an den Haaren herbeigezogen, sondern so alltäglich, daß er nahezu jedem Springreiter mal passieren kann:

Mecki, ein hochveranlagter Fuchswallach, trabt schulmäßig in den Parcours und baut sich zum Gruß auf. Der Reiter zieht die Kappe, die Richter grüßen mit Melone zurück. Mecki und sein Reiter blicken maßnehmend (oder die Nummer 1 suchend) in die Runde. Angaloppieren, auf die rechte Hand gehen (so heißt das, wenn man rechts rum will), Hindernis anreiten, Absprung, alles paßt, ruhiger runder Galopp, auch bei den nächsten Sprüngen, bis zur dreifachen Kombination. Mecki geht groß rein und überlegt sich in diesem Moment, daß er sich eigentlich nicht einmal die Zeit genommen hat, das überaus

gelungene Blumenarrangement zu bewundern. Das muß man nachholen, also Vierhufbremse rein, stehen. Der Reiter war gerade dabei, in bester reiterlicher Manier, zunächst sein Herz über Sprung 7b zu werfen und überhaupt nicht auf Meckis floristisches Interesse gefaßt — er überwindet das Hindernis korrekt, wenn auch allein. Weder die Tatsache, daß das Hindernis unverletzt blieb, noch der imponierend elegante Flug des Reiters können die Richter bewegen, auf die acht Strafpunkte zu verzichten, im Gegenteil: Mecki hat sich inzwischen eingehend mit den Blumen beschäftigt und ist nur widerstrebend bereit, seine Arbeit und seinen Reiter wieder aufzunehmen; es kommen noch Fehlerpunkte für das Überschreiten der Höchstzeit hinzu.

Zusammenfassung: Springreiten ist, wenn ein Pferd in einer vorgegebenen Reihenfolge über Stangen hüpft, sich dabei Gedanken macht und der Reiter dennoch oben bleibt.

Querbeet

Eigentlich Military, aber auch Vielseitigkeits- oder Buschreiterei genannt. Wer den Sport selbst ausübt, spricht hingegen von der „Krone der Reiterei".

Die Damen und Herren, die sich dieser Sparte der Reiterei verschrieben haben, sind eine Mischung aus Dressur- und Springreitern, denen das aber noch nicht reicht, sie müssen unbedingt auch noch einen Geländeritt mitmachen. Nun, bei uns gibt es nicht mehr allzuviel Gelände, weshalb man die Veranstaltungen meistens in etwas größere Vorgärten verlegen mußte, daher die Bezeichnung Querbeetreiten.

Mit dem Springen und der Dressur haben wir uns bereits beschäftigt, und das dort Gesagte gilt natürlich auch für die beiden Teildisziplinen der Military. Zum Geländeritt: Wesentliches Ziel: der Reiter muß oben bleiben (Zählen können ist nicht notwendig, da der Kurs in der Regel rechts und links durch Plastikbänder oder ähnliches begrenzt wird).

Das Oben-bleiben wird erschwert durch den Umstand, daß im Gelände feste Hindernisse stehen, also keine Stangen fallen, sondern nicht selten der Reiter, wenn das Pferd seine Füße nicht hoch genug nimmt.

In diesem Abschnitt müssen wir uns noch einmal den Amazonen gesondert widmen: ***Sie reiten gleichberechtigt mit den Männern um die Wette und sehen dabei nicht selten deutlich besser aus*** (gemeint ist hier die Leistung, nicht das Äußere). Unbestritten ist die Vielseitigkeitsreiterei die härteste der drei Turnierdisziplinen und verlangt allen Aktiven sehr viel ab, sowohl den vier- als auch den zweibeinigen. Dennoch, vielleicht auch gerade darum, stürzen sich immer mehr Frauen auf diesen halsbrecherischen Sport.

Natürlich hat man versucht, dieses Phänomen wissenschaftlich zu ergründen, und so gibt es eine Reihe von Theorien, die erklären wollen, was eine Frau dazu bewegt, ausgerechnet Military-Reiterin werden zu wollen.

Da behauptet zum Beispiel der betagte Prof. Dr. hip. Ignazius von Tiefenberg: „Der Drang der Damen in den Militarysattel ist zurückzuführen auf den heute grassierenden gesellschaftlichen Zwang, es den Männern um jeden Preis gleichtun zu müssen. Da begeben sich die feingliedrigen Geschöpfe, die Blumen unseres Daseins, wissentlich in Gefahr, nur weil

Aus dem Wörterbuch für Reiter (14)

Weide Ein großes, grünes, flach ausgebreitetes Ding, das Turnierpferden während ihrer aktiven Zeit immer mal im Traum erscheint. Falls sie ihre Pensionierung erleben, dürfen sie sich darauf tummeln.

sie meinen, den Herren der Schöpfung Paroli bieten zu müssen. Ganz ohne Zweifel spielt da aber auch noch irgendwo — wenn auch nicht genau manifestierbar — die sexuelle Befreiung der Damen eine negativ motivierende Rolle."

Zu einem anderen Ergebnis kommt Ausnahme-Jung-Hippologie-Forscher Prof. Dr. hip. Che Gewarah (17): „Die Vielseitigkeitsreiterin ist die Vorkämpferin für die totale Gleichberechtigung der Frau. Ihre Erfolge stärken das Selbstbewußtsein unserer weiblichen Genossinnen an der Basis."

Und Prof. Dr. hip. Volker v. Wallenstein: „Der Military-Sport verlangt von allen reiterlichen Disziplinen den höchsten Trainingsaufwand. Wer an der Spitze mitreiten will, kann sich nicht außerdem um Küche, Kind und Kegel kümmern. Hier dient der Sport als Mittel zur Flucht vor den eigentlichen Aufgaben einer Frau."

Der Hobby-Hippologe Ernst Jung wartet mit einer völlig anderen, aber recht interessanten Erklärung auf: „Die Vielseitigkeitsreiterei kommt dem Bedürfnis der Frau entgegen, sich zu jedem Anlaß formvollendet zu kleiden. Am ersten Tag Dressurfrack mit Zylinder, dann die sportlich kämpferische Ausstattung mit Sturzkappe und figurbetonter enger Oberbekleidung für den Geländeritt und schließlich passend zum Jagdspringen der farbenprächtige rote Rock mit schwarzer Reitkappe. Es hat schon Frauen gegeben, die sich für sehr viel weniger Outfit in Gefahr begeben haben."

Nicht fehlen soll hier die Ansicht einer mittelbar Betroffenen, wenngleich natürlich anzumerken ist, daß es sich dabei um eine stark subjektiv geprägte Äußerung handelt: Jenny Green (5), Tochter

einer erfolgreichen Querbeet-Amazone, erklärt das so: „Mami macht das, weil's ihr Spaß macht."
Zusammenfassung: Vielseitigkeitsreiten ist eine Disziplin für Dressurreiter, die gerne Springen (oder umgekehrt) und sich zusätzlich in Gefahr begeben möchten.

Après-Reit

Mit dem Reiten ist das Reiten natürlich noch nicht beendet. Wie bei den meisten anderen Sportarten auch, muß der Flüssigkeitsverlust, der zwangsläufig bei der schweißtreibenden Beschäftigung aufgetreten ist, möglichst bald wieder ausgeglichen werden.

Nun ist Reiten eine doppelt schweißtreibende Angelegenheit, denn neben dem normalen Flüssigkeitsverlust durch die körperliche Betätigung tritt auch noch die verstärkte Transpiration durch das Gefahrenelement auf, kurz und ein wenig vulgär: ***der Angstschweiß.***
Faustregel: Je durstiger ein Reiter nach der Ausübung seines Sports, desto größer die Anzahl der subjektiv empfundenen Gefahrensituationen.

Bei manchen Reitern steigert sich das Bedürfnis nach Flüssigkeitsausgleich — vor allem bei Ausritten — derart, daß sie jede sich dazu bietende Gelegenheit wahrnehmen. Das wiederum führt nicht selten zu dem Phänomen, daß Pferde allein in den Stall zurückkehren, weil sie die Warterei einfach satt haben und der besorgt gestartete Suchtrupp auf einen Reiter stößt, der sich offensichtlich bester Laune zu Fuß auf dem Heimweg befindet oder auch friedlich im Grünen schlummernd vom nächsten Ausritt träumt.

Western-Reiter
Breit behütete Reiterei, die in Deutschland inzwischen in nachempfundenen Westernstädten organisiert wird — den Bankraub täglich um 10.56 inbegriffen.

Feuchter Trockenkurs im Reiterstübchen

Zu jedem gut geführten Reitstall gehört ein Reiterstübchen, im Bayerischen „Stüberl", sonst auch „Schwemme" oder so ähnlich genannt. Diese meist rustikal

gehaltenen Abschwitz-Einrichtungen haben in der Regel drei Aufgaben: a) Den Flüssigkeitsausgleich (siehe oben) in passender Umgebung vornehmen zu können, b) Raum für Schilderungen der Erlebnisse und Erfahrungen des einzelnen, der diese Erkenntnisse den anderen Mitgliedern der Reitgruppe (fachlich richtiger: der Abteilung) erläutern möchte und c) als Abstellraum für den nichtreitenden Anhang.

Zu a) Für das Reiterstübchen als Ort der Flüssigkeitsaufnahme gilt im großen und ganzen das gleiche, wie schon beim Ausritt geschildert, mit dem einen Unterschied, daß es absolut unsportlich wäre, diesen Ort schon während der Reitstunde aufzusuchen, war die Gefahr auch noch so groß, hier hilft nur: Zähne zusammenbeißen und trotz des Durstes durchhalten! Das erklärt nicht zuletzt, weshalb der Getränkeumsatz im Stübchen nach jeder Reitstunde von nahezu null auf 100 Prozent hochschnellt.

Zu b) Das Reiterstübchen als Ort der Kommunikation besitzt einen recht interessanten Aspekt: Tatsache ist, daß es wenige Stätten gibt, an denen

so viele Menschen so konsequent aneinander vorbeireden — auf Anhieb fällt mir da eigentlich nur der Bundestag ein.
Im Reiterstübchen ist jeder bestrebt, seine Erlebnisse der letzten 45 Minuten detailliert denen zu erläutern, die hinwiederum bestrebt sind, ihre Erlebnisse dieser Reitstunde an den Mann oder die Frau zu bringen. Falls jemand dem gerade Redenden zuhört, dann in der Regel nur, um auf das Stichwort zu warten, das es ihm ermöglicht, den Vortragenden mit eigenen Schilderungen zu unterbrechen. Und so plätschert die Kommunikation munter dahin, bis alle das losgeworden sind, was sie bewegte — bis zum nächsten Mal.

Zu c) Das Reiterstübchen als Aufbewahrungsort für nichtreitende Angehörige. Diese Rolle der Schwemme wird meistens stark unterschätzt, obwohl gerade sie die größten Gefahren der Reiterei birgt. Tatsächlich lernen sich hier notgedrungen die Menschen kennen, die nicht das Hobby ihres Partners teilen, aber dennoch aus praktischen (promillefreier Lenker des Familienautos) oder ideellen (manifestiertes Verständnis für das Steckenpferd des Lebensgefährten) Erwägungen den Weg in den Reitstall finden.
Während nun die Aktiven, die Pferdeverrückten, in der Reitbahn unter sich sind, kommen im Stübchen die Sportgeschädigten miteinander ins Gespräch und sich nicht selten näher. ***Gemeinsames Leid verbindet nun einmal.***

Die Folgen brauche ich

hier nicht weiter auszumalen. Im günstigsten Fall findet sich in der Reitbahn Ersatz für das, was im Stübchen verloren ging. Bei den beiden Nichtreitern bleibt dann nur zu hoffen, daß sie sich auf eine Sportart einigen können, sonst besteht die Gefahr, daß der eine in der Tennisklause auf den anderen wartet und dann mit Mitleidenden ins Gespräch und sich näher kommt …

Grundwissen in Frage und Antwort

Während meiner jahrzehntelangen Beschäftigung mit dem Reitsport sind mir immer wieder Fragen von grundsätzlicher Bedeutung gestellt worden. Zusammen mit den Antworten darauf ergeben sie nahezu das komplette Grundwissen, das jemand besitzen sollte, der sich ernsthaft mit der Reiterei auseinandersetzen möchte:

Frage: *Warum reitet der Mensch?*

Anwort: Zu unterscheiden sind in diesem Zusammenhang zwei Phasen:

a) Vor der Motorisierung — ist der Mensch aufs Pferd gestiegen, weil er, grob gesagt, zu faul zum Laufen war,

b) nach der Motorisierung — braucht der Mensch einen Ausgleich zum Autofahren, ist aber, wieder grob gesagt, immer noch zu faul zum Laufen.

Ein weiterer Grund dafür, daß sich der Mensch aufs Pferd setzt, ist darin zu sehen, daß er die Gattung Pferd in ihrer Ursprünglichkeit erhalten möchte. Erfahrungsgemäß landen alle Tiere, die nicht gerade Eier legen, Milch geben, sich scheren lassen oder Menschen auf eine andere Art dienstbar sind, im Zoo. Es zeichnet den Reiter also als Naturschützer aus, wenn er unter beträchtlichen Entbehrungen seinen Sport ausübt — wenngleich die Tätigkeit an sich nicht unbedingt sehr tierschützerisch sein muß.

Frage: *Wie lange dauert die Ausbildung vom Laien bis zum turnierreifen Reiter?*

Antwort: Das kann umfassend nicht beantwortet werden, da es von zu vielen unterschiedlichen Faktoren abhängt wie: Geld, Reitlehrer, Trainingsfleiß, Geld, Trainingsfleiß, Geld, Trainingsfleiß …, Talent.

Frage: *Wie mache ich meinem Pferd klar, was ich von ihm will?*

Antwort: Mit Hilfe der sogenannten „Hilfen“, indem Sie am Zügel ziehen, Ihr Gewicht verlagern, Ihre Absätze einsetzen und, und, und ... Zu Beginn der Ausbildung ersetzt der Reitlehrer mit der Stimme die Aktivitäten des Obensitzenden. Der fortgeschrittene Reiter sucht sich ein Pferd, das in der Lage ist, seinem Reiter die Wünsche vom Gesäß abzulesen (wollte es ihm immer erst in die Augen blicken, müßte es dauernd den Kopf wenden, was zu einer äußerst unruhigen Reiterei führen würde).

Frage: *Wie nähere ich mich dem mir noch unbekannten Wesen Pferd am besten?*

Antwort: Nicht von hinten, vor allem, wenn es eine rote Schleife im Schweif trägt, denn das bedeutet, daß dieser Vierbeiner dazu neigt, wenn er mit den beiden linken Füßen zuerst aufgestanden ist,

mit einem der beiden Hinterbeine ruckartige Bewegungen auszuführen, die dem sich Nähernden gefährlich werden könnten.

Frage: *Was kann ich tun, wenn sich mein Pferd im Gelände erschreckt und plötzlich losstürmt, ohne meine Hilfen zu beachten?*

Antwort: Beten.

Frage: *Wie kann ein Reiter seinem Pferd eine Freude bereiten?*

Antwort: Nun, da gibt es verschiedene Möglichkeiten, hier eine kleine Auswahl:

a) Auf dem Boden bleiben,
b) ihm einen Weideurlaub gönnen,
c) wenn schon reiten, dann dem Pferd seinen Willen lassen und
d) das Höchste: täglich mit dem Pferd drei Stunden spazierengehen und sich für den Rest der Zeit ein anderes Hobby suchen.

Frage: *In jeder Schulstunde baut sich mein Pferd in der Mitte der Reitbahn auf und ist durch nichts dazu zu bewegen, sich wieder in die Abteilung einzugliedern. Was kann ich dagegen tun?*

Antwort: Der Trick mit der Karotte am Stecken vor dem Maul des Pferdes hilft nicht! Es gibt nur folgende Lösungen dieses Problems:

a) den Reitlehrer wechseln,
b) das Pferd wechseln,
c) beides wechseln.

Aus dem Wörterbuch für Reiter (15)

Zielfotografie
Einer der Gründe dafür, daß sich Rennreiter so beeilen, das Ziel zu erreichen. Wenn sie nämlich Erster sind, werden sie fotografiert. Es soll Jockeys geben, die nie ohne Taschenkamm reiten …

Frage: *Wozu sind die Sporen da?*

Antwort: Um unzureichende reiterliche Fähigkeiten durch an den Reiter anschnallbare Hilfsmittel zu kompensieren. Merke: Der Könner trägt Sporen nur zu Hause, der Anfänger sollte keine tragen und der dazwischen trägt sie Tag und Nacht — tagsüber eine Zumutung für das Pferd, nachtsüber eine Zumutung für den Lebensgefährten.

Frage: *Trotz aller Mühe, die ich mir mit meinem Pferd gebe, gelingt es mir nicht, mit ihm richtig warm zu werden. Können Sie mir helfen?*

Antwort: Direkt nicht, aber vielleicht versuchen Sie es mal mit einer Abendeinladung (Tips für diesen Abend zu zweit finden Sie im entsprechenden Abschnitt dieses Werkes).

Frage: *Was sollte ich vor der ersten Reitstunde tun, um mich richtig darauf vorzubereiten?*

Antwort: Falls Sie dieses Buch von hinten angelesen haben, sollten Sie jetzt vorne anfangen, um das Pferd nicht vom Schwanz (richtiger „Schweif") aufzuzäumen.

Damit Sie wissen, welche Offiziellen Endgültigen Handbücher Sie verschenken können:

Jeder Band hat ca. 160 Seiten und zahlreiche Illustrationen

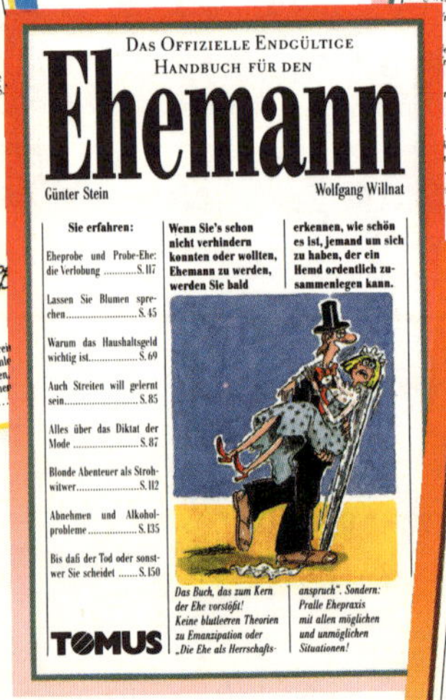

G. Seidel / K. Puth
Das Offizielle Endgültige Handbuch für den Computer Freak
ISBN 3-8231-0804-2

B. Pröttel / J. Drinnenberg
Das Offizielle Endgültige Handbuch für die Ehefrau
ISBN 3-8231-0801-8

G. Stein / W. Willnat
Das Offizielle Endgültige Handbuch für den Ehemann
ISBN 3-8231-0800-X

N. Bavarius / N. Ebert
Das Offizielle Endgültige Handbuch für den Golfspieler
ISBN 3-8231-0805-0

TOMUS-Bücher machen Spaß